国家社科基金项目成果 *经管* 文库

Research on the Hukou System and the Optimization of
China's City Size Distribution

户籍制度改革
与中国城市规模体系优化研究

年 猛／著

中国财经出版传媒集团

经济科学出版社
Economic Science Press

·北 京·

图书在版编目（CIP）数据

户籍制度改革与中国城市规模体系优化研究/年猛
著．－－北京：经济科学出版社，2023.12
ISBN 978 - 7 - 5218 - 5306 - 3

Ⅰ.①户⋯ Ⅱ.①年⋯ Ⅲ.①户籍制度 - 体制改革 -
关系 - 城市建设 - 研究 - 中国 Ⅳ.①D631.42②F299.2

中国国家版本馆 CIP 数据核字（2023）第 199611 号

责任编辑：梁含依 胡成洁
责任校对：徐 昕
责任印制：范 艳

户籍制度改革与中国城市规模体系优化研究
HUJI ZHIDU GAIGE YU ZHONGGUO CHENGSHI GUIMO TIXI YOUHUA YANJIU
年 猛 著
经济科学出版社出版、发行 新华书店经销
社址：北京市海淀区阜成路甲 28 号 邮编：100142
经管中心电话：010 - 88191335 发行部电话：010 - 88191522
网址：www.esp.com.cn
电子邮箱：espcxy@126.com
天猫网店：经济科学出版社旗舰店
网址：http://jjkxcbs.tmall.com
北京季蜂印刷有限公司印装
710×1000 16 开 9.25 印张 170000 字
2023 年 12 月第 1 版 2023 年 12 月第 1 次印刷
ISBN 978 - 7 - 5218 - 5306 - 3 定价：48.00 元
（图书出现印装问题，本社负责调换。电话：010 - 88191545）
（版权所有 侵权必究 打击盗版 举报热线：010 - 88191661
QQ：2242791300 营销中心电话：010 - 88191537
电子邮箱：dbts@esp.com.cn）

国家社科基金项目成果经管文库

出版说明

经济科学出版社自 1983 年建社以来一直重视集纳国内外优秀学术成果予以出版。诞生于改革开放发轫时期的经济科学出版社，天然地与改革开放脉搏相通，天然地具有密切关注经济领域前沿成果、倾心展示学界翘楚深刻思想的基因。

2018 年恰逢改革开放 40 周年，40 年中，我国不仅在经济建设领域取得了举世瞩目的成就，而且在经济学、管理学相关研究领域也有了长足发展。国家社会科学基金项目无疑在引领各学科向纵深研究方面起到重要作用。国家社会科学基金项目自 1991 年设立以来，不断征集、遴选优秀的前瞻性课题予以资助，经济科学出版社出版了其中经济学科相关的诸多成果，但这些成果过去仅以单行本出版发行，难见系统。为更加体系化地展示经济、管理学界多年来躬耕的成果，在改革开放 40 周年之际，我们推出"国家社科基金项目成果经管文库"，将组织一批国家社科基金经济类、管理类及其他相关或交叉学科的成果纳入，以期各成果相得益彰，蔚为大观，既有利于学科成果积累传承，又有利于研究者研读查考。

本文库中的图书将陆续与读者见面，欢迎相关领域研究者的成果在此文库中呈现，亦仰赖学界前辈、专家学者大力推荐，并敬请经济学界、管理学界给予我们批评、建议，帮助我们出好这套文库。

经济科学出版社经管编辑中心

2018 年 12 月

本书为国家社会科学基金青年项目"户籍制度改革与中国城市规模体系优化研究"（项目编号：17CJL023）研究成果。

前言

Preface

　　1998 年，我国明确了"严格控制大城市规模、合理发展中等城市和小城市"的改革目标，同年出台了《关于解决当前户口管理工作中几个突出问题的意见》，指出：在继续坚持严格控制大城市规模、合理发展中等城市和小城市的原则下，逐步改革现行户口管理制度。户籍制度改革被赋予了引导人口流动、调控城市规模结构不合理的新任务。2014 年，我国出台的《国家新型城镇化规划（2014—2020 年）》提出实施差别化落户政策，希望通过户籍制度改革来破解当前"大城市太大，小城市太小，中等城市无法形成规模"的城市发展困境。然而，北京、上海等大城市不断增长的人口规模与不断严格的落户制度，似乎表明之前开展的户籍制度改革并未达到优化城市规模结构这一目标，许多大城市都呈现出"冲破户籍限制的人口增长"现象，而中小城市并未因户籍制度放开而集聚更多人口。针对目前户籍制度改革目标预期效果不佳、大城市户籍制度改革进展缓慢等问题，本书从户籍制度对人口流动、城市发展机制入手，探究户籍制度存续和改革滞后的逻辑关系，强调政府干预行为、城市行政管理体制是导致户籍制度改革难以实现预期目标的重要制度性原因，以期为推进户籍制度改革、促进中国城镇化健康可持续发展提供相关理论和政策参考。

　　本书主要研究内容及观点如下。

　　第一，系统梳理了新中国成立以来户籍政策的演变历程，并总结户籍制度的改革特征及面临的主要困境。总体来看，从 1949 年新中国成立至 2020 年全面建成小康社会，中国户籍制度的演变大致经历了形成与建立（1949～1958 年）、巩固与发展（1959～1978 年）、调整与改革（1979～2020 年）三个阶段。从制度变迁角度来说，户籍作为一种制度安排，形成于新中国成立初期并在当时的历史时期发挥了一定作用。随着我国内外环境的改变、发展方式的转变以及宏观制度的转轨，在多重力量博弈下，户籍制度开始了一系列改革，一方面要适应经济社会发展需要，另一方面政府也希望通过户籍制度改革重塑人口及城市发展格局。总体来看，我国户籍制度的改革具有分类式、渐进式和多维博弈等特征。

虽然学术界对户籍制度改革的呼声很高，近年来中央与地方协同推进户籍制度改革的力度也空前加大，但是户籍制度改革推进力度仍然滞后于经济社会发展的需要。根据国家统计局《2020 年农民工监测调查报告》，尽管与 2019 年相比，2020 年全国农民工总量下降了 1.8%，但仍超过 2.85 亿人。如此大规模处于"半城镇化"状态、尚未落户城镇的农民工群体，暴露出户籍制度改革仍存在一些困境。总体来看，我国当前户籍制度改革面临人口流向与政策导向错配、居民落户意愿与地方政府倾向错配、市民化成本与收益错配的困境。

第二，使用 1990 年、2000 年和 2010 年全国人口普查数据，利用齐普夫定律、吉布拉定律和空间均衡定理来描述中国城市规模体系的演变特征并对其进行合理性检验。城市规模体系（亦称城市体系、城市规模分布或城市规模分布体系）指一个国家或区域内部不同人口规模城市在空间上的分布情况，其分布特征在一定程度上反映该国家或地区城市发展模式或城镇化道路是否处于经济学研究范式中所倡导的最优路径之上，不仅得到学界的关注，政府相关部门也对此高度重视。

实证研究结果显示：总体上中国县级及以上城市规模分布不符合齐普夫定律和吉布拉定律，空间均衡定理满足条件也相对较弱；根据齐普夫定律，中国城市规模分布呈扁平化状态，但从时间趋势来看，中国城市规模分布趋于集中化，也逐渐呈现合理性。而户籍制度对中国城市规模体系的影响主要体现在两个方面：一是阻碍城镇化进程，导致中国城市规模体系不稳定；二是严格控制大城市人口规模，造成中国城市规模体系扁平化。

第三，从户籍制度对劳动者迁移的影响着手，从劳动者个体层面探讨户籍制度影响城市规模体系的微观机制。在自由迁移条件下，劳动者往往基于就业、收入、居住条件以及子女教育等地区基本公共福利水平等综合决定迁移的地点。但是自户籍制度制定和实施以来，中国劳动者迁徙就开始受到严格的限制。尽管改革开放以来，我国针对户籍制度进行了多轮改革，逐步放松了农村居民向城市迁移的限制，加快了城镇化进程，但依然存在改革不彻底且城市之间差异较大等问题，户籍仍然影响着劳动者的迁移决策。

首先，户籍制度改革放松了农村人口向城镇迁移的限制，城镇化潜力随着户籍制度改革力度的加大而逐步释放，促使各类城镇都得到了充分的发展，城市规模体系也趋于优化。其次，由于户籍制度改革并不彻底，居民迁移的制度性障碍依然存在，只是程度有所减弱。因此，尽管满足空间均衡定理，但由于户籍制度对居民迁移的阻碍依然存在，中国城市规模体系仍有进一步优化的空间。最后，尽管经过多轮市场化改革，户籍制度对劳动力市场上的工资收入等的影响有所弱化，但户籍制度仍然是影响社会结构的因素之一。

第四，从户籍制度改革对城镇化路径的影响着手，探讨户籍制度改革影响城市规模体系的宏观机制。城镇化路径是指一个国家或地区城镇化进程中，人口向大中小等不同规模城市迁移的优先次序。在中国的城镇化进程中，学术界关于优先发展中小城市还是大城市始终存在争议。但在政府层面，政府在较长一段时期内始终将"优先发展小城镇、合理发展中等城市、控制大城市规模"作为城镇化路径的主导方针，并在户籍制度改革举措方面予以相应的配合。尽管自2014年出台的《国家新型城镇化规划（2014—2020年）》中提出"实施差别化落户政策"以后，我国开始有序放松对大城市、特大城市落户的限制，但对特大城市的人口规模始终以控制为主。

研究表明：首先，"放开中小城镇、限制大城市"的城镇化方针导致城市规模体系扁平化；其次，严格的落户限制并不能阻碍人口向大城市流动的趋势，户籍制度在控制大城市规模方面处于失灵状态，制约了大城市的经济增长，不利于宏观经济的长期稳定增长。从现实角度出发，我国针对大城市规模以上的城市进行分类户籍制度改革，常住人口300万人以下的城市落户限制已经全部取消，这在一定程度上会进一步优化城市规模体系。最后，Ⅰ型大城市、超大特大城市落户受限是制约城市规模体系优化的关键。

第五，提出进一步深化户籍制度改革、优化城市规模体系的主要方向。市民化成本较高等因素只不过是造成户籍制度改革滞后的直接原因。深层次来看，城乡区域之间发展不平衡不充分以及城市发展权的不平等，是造成户籍制度改革滞后的根本原因。

从户籍制度改革的视角来看，当前制约中国城市规模体系进一步优化的矛盾点主要在于，户籍制度附加的福利水平差异导致人口无法自由迁移以及针对超大特大城市仍旧采取限制的思维。为进一步深化户籍制度改革、优化城市规模体系，结合中国当前城乡区域之间发展不平衡不充分的基本国情，应以都市圈内、城市群内户籍制度一体化改革为切入点，继续沿用渐进式、分类式改革思路，同时应完善市民化成本分担机制，提高地方政府改革的积极性。

目　录
Contents

第一章　中国户籍制度政策体系回顾

——演变历程、改革特征与面临困境

户籍制度，即与户籍或户口登记、管理相关的一套政治、经济、社会及法律制度（陆益龙，2002）。中国现行的户籍制度形成于 19 世纪 50 年代，是最重要的人口管理制度（孙文凯，2017）。户籍制度不仅对中国的劳动力流动趋向、城镇化进程、城乡区域发展差距、社会阶层分割等宏观经济社会发展格局产生重要影响，而且影响微观个体的教育、医疗、社会保障、就业、收入甚至是婚姻等诸多方面。由于影响广泛且深远，中国的户籍制度引起了国内外学者的大量研究。

第一节　新中国成立以来户籍制度演变历程

总体来看，从 1949 年新中国成立至 2020 年全面建成小康社会，中国户籍制度的演变大致经历了形成与建立（1949～1958 年）、巩固与发展（1959～1978 年）、调整与改革（1979～2020 年）三个阶段（张吉鹏和卢冲，2019）。

一、户籍制度的形成与建立（1949～1958 年）

新中国成立伊始，基于稳定政权、尽快建立公共秩序以及恢复国民经济等需要（郭东杰，2019），我国开始尝试建立户籍管理制度。

1950 年 11 月，第一次全国治安行政工作会议的总结报告提出户籍工作要先在城市做起，农村户口工作可以从集镇试办，然后逐渐推广，即"先城市后农村"的户籍工作思路（严士清，2012）。1951 年 7 月，公安部公布并实施《城市户口管理暂行条例》，在统一全国城市户口管理制度的同时，也重建了城市公共秩序，为城市经济的恢复奠定了一定的制度基础。

至"一五"计划时期（1953～1957 年），我国确立了"集中主要力量发展重工业"的指导方针。为促进城市重工业优先发展，政府开始出台相应政策控制农村人口流向城市。1953 年 4 月 17 日，政务院发布《关于劝止农民盲目流入城市的指示》，明确未经相关部门许可，不能擅自去农村招收工人。1956 年 12 月 30 日，国务院发布《关于防止农村人口盲目外流的指示》，进一步明确单位需用劳动力的时候，应当事先做好劳动计划，通过劳动部门统一调配农村剩余劳动力，不应当私自招收。1957 年 12 月 18 日，中共中央和国务院联合发布《关于制止农村人口盲目外流的指示》，提出"严格户籍管理"。1958 年 1 月 9 日，全国人大常委会第九十一次会议通过了《中华人民共和国户口登记条例》，将城乡居民户口区分为"农业"和"非农业"两类，并确立了户口迁移审批制度和凭证落户制度，为中国户籍管理的制度化奠定了基础。

从人口流动的角度来看，尽管这一时期制定并实施了户籍管理制度，但城乡人口流动依然较为活跃，城镇化进程并未因此受到阻碍。图 3 - 1 数据显示：1949～1958 年，中国城镇化率从 10.6% 增加至 16.2%，增长 5.6 个百分点。因此，为加强户籍工作的有效性，我国还陆续颁布一系列相关配套政策，如《市镇粮食定量供应暂行办法》等，逐步将粮油配给等社会福利以及基本公共服务供给等与居民户籍挂钩，赋予了户籍制度除人口登记以外的其他功能。1949～1958 年中国户籍制度政策框架体系见表 1 - 1。

表 1 - 1　　　　　　　　　1949～1958 年中国户籍制度政策框架体系

	年份	政策文件	主要内容
主体政策	1950 年 8 月	《关于特种人口管理的暂行办法（草案）》	特殊人口管理
	1951 年 7 月	《城市户口管理暂行条例》	城市人口登记
	1953 年 4 月	《全国人口调查登记办法》	全国人口调查和登记
	1953 年 5 月	《关于转业军人落户问题的通知》	转业军人户口管理
	1954 年 1 月	《公安部复未领迁移证迁出的居民是否补办迁移问题》	居民迁移证办理
	1954 年 12 月	《关于共同配合建立户口登记制度的联合通知》	要求农村建立户口登记制度
	1955 年 5 月	《关于地方人民委员会成立后户口簿、册、章、证的使用问题的通知》	户口登记账册建立与使用

续表

	年份	政策文件	主要内容
主体政策	1955 年 6 月	《关于建立经常户口登记制度的指示》	全面推进县、镇、乡户口登记工作
	1955 年 11 月	《关于城乡划分标准的规定》	城镇、城镇型居民区以及乡村的划分
	1956 年 1 月	《关于农村户口登记、统计工作和国籍工作移归公安部门接办的通知》	户籍工作全面统一到公安部门
	1956 年 12 月	《关于当前建立与健全农村户口管理工作中几个问题的通知》	农村户口管理工作建立与完善
	1957 年 7 月	《关于解决临时工、预约工户口问题的补充通知》	临时户口办理
	1958 年 1 月	《中华人民共和国户口登记条例》	户口区分为"农业"和"非农业"两类
	1958 年 1 月	《关于规定农业合作社户口簿项目的通知》	农业合作社户口管理
	1958 年 1 月	《关于解决紧缩城市人口和动员职工家属还乡生产工作中的户口迁移问题的通知》	城市返乡人口户口迁移
	1958 年 2 月	《关于结合普选建立、健全户口登记工作的通知》	健全城乡户口登记
配套政策	1953 年 10 月	《关于粮食统购统销的决议》	逐步将农副产品配给与居民户口相挂钩
	1953 年 11 月	《关于实行粮食的计划收购和计划供应的命令》	
	1954 年 9 月	《关于实行棉花计划收购的命令》	
	1955 年 8 月	《市镇粮食定量供应暂行办法》	
	1955 年 8 月	《农村粮食统购统销暂行办法》	
	1953 年 4 月	《关于劝止农民盲目流入城市的指示》	限制农村人口向城市流入
	1956 年 12 月	《关于防止农村人口盲目外流的指示》	
	1957 年 3 月	《关于防止农村人口盲目外流的补充指示》	
	1957 年 12 月	《关于制止农村人口盲目外流的指示》	

资料来源：作者根据中国政府网（https://www.gov.cn/）等公开资料整理。

二、户籍制度的巩固与发展（1959~1978 年）

1959~1978 年中国户籍制度政策框架体系见表 1-2。

表 1-2　　　　　　　　　1959～1978 年中国户籍制度政策框架体系

年份		政策文件	主要内容
主体政策	1961 年 5 月	《关于严肃对待和认真处理户口迁移问题的通知》	严格限制户口迁移
	1961 年 8 月	《关于各地清理出来的三类人员不要放回上海的通知》	严控人口回流上海
	1962 年 4 月	《关于处理户口迁移问题的通知》	严控户口迁移
	1962 年 12 月	《关于加强户口管理工作的意见》	严格控制农村迁往城市；适当控制迁往大城市
	1964 年 7 月	《关于在人口普查结束后加强户口管理工作的通知》	
	1977 年 11 月	《公安部关于处理户口迁移的规定》	严加控制农村迁往城市和北京、上海、天津；适当控制小市迁往大市
配套政策	1959 年 1 月	《关于立即停止招收新职工和固定临时工的通知》	控制城镇职工数量
	1961 年 6 月	《关于减少城镇人口和压缩城镇粮食销量的九条办法》	控制城镇人口规模

资料来源：作者根据中国政府网（https：//www.gov.cn/）等公开资料整理。

　　这一时期，受到"大跃进"、人民公社化运动等影响，国民经济比例失调、工农业生产遭到破坏，农业剩余劳动力开始大量涌现，城镇就业趋于饱和。从 1959 年开始，中国开始进入"三年困难"时期，粮食产量连续三年下降。1958 年中国粮食产量为 19766.3 万吨，1959 年至 1961 年分别下降至16969.2 万吨、14385.7 万吨和 13650.9 万吨，与 1958 年相比，1961 年的粮食产量下降幅度超过 30%，减产近 1/3[①]。

　　为缓解粮食危机、应对城市就业问题、维护社会稳定，我国一方面继续加强农村人口流入城市的限制，另一方面又通过实施精简职工并督促部分工人回乡、下放干部到农村、引导知识青年"上山下乡"等举措来控制城镇人口规模（刘贵山，2008），同时也进一步完善农业生产队伍。1959 年 1 月，我国发布《关于立即停止招收新职工和固定临时工的通知》，明确要求各企业事业单位立即停止招收新的职工和继续固定临时工人，率先对城镇职工数量进行控

---

　　① 数据来源于国家统计局官方网站 http：//www.stats.gov.cn/tjsj。

制。1961 年 6 月，中央工作会议制定《关于减少城镇人口和压缩城镇粮销量的九条办法》，全面加强对城镇人口规模的控制。

进入 20 世纪 70 年代中后期，大批下放干部以及知识青年开始返城，城镇人口大量增加，对城市就业及社会稳定构成严峻挑战，促使政府继续加强对人口流动的限制。1977 年 11 月，国务院在批转《公安部关于处理户口迁移的规定》的通知中，在强调"处理户口迁移，首先要贯彻严格控制市、镇人口增长的方针"的同时，也提出要保障人民群众符合国家规定的迁移。尽管提出了保障符合国家规定的居民迁移行为，但对农村向城市迁移、"农转非"以及向大城市迁移的限制仍旧十分严格。该规定提出：严加控制农村迁往市、镇，农业人口转为非农业人口和其他市迁往北京、上海、天津三市；适当控制镇迁往市、小市迁往大市；但对于"市、镇迁往农村""市迁往镇""大市迁往小市""同等市之间、镇之间、农村之间"的迁移，基本上予以放开。

总体来看，这一时期户籍制度的巩固和发展，进一步将农民与农村、农业、土地牢牢地捆绑在一起，同时逐步将户籍管理与居民的养老、医疗、教育、就业等权益挂钩。城乡人口迁移的限制，尤其是严格控制农村人口流向城市以及对城市人口规模控制的做法，对这一时期中国的城镇化进程产生了阻碍。1959 ~ 1978 年，中国工业增加值占 GDP 的比重由 37.4% 增加至 44.1%，而城镇化率由 1959 年的 18.4% 下降至 1978 年的 17.9%[①]，与其他国家工业化与城镇化同步发展的现象不符，造成"工业化超前、城镇化滞后"的现象。

三、户籍制度的调整与改革（1979 ~ 2020 年）

改革开放以来，以市场化为导向的经济体制改革引致了大规模的人口流动，我国由此进入快速城镇化时期。为适应市场化经济体制改革和城镇化发展的需要，我国开始在户籍制度调整与改革方面进行一系列积极的探索。从 1979 年改革开放到 2020 年小康社会的全面建成，户籍制度的改革可以划分为以下四个阶段。

（一）市场化改革初期的户籍制度调整（1979 ~ 1991 年）

尽管党的十一届三中全会已经确立了市场化的经济体制改革方向，但在改革开放初期进行的经济体制改革仍处于"摸着石头过河"的谨慎且相对缓慢

---

① 数据来源于国家统计局官方网站 http：//www.stats.gov.cn/tjsj。

的探索阶段，与此同时，户籍制度也随之进行缓慢的调整。

1979 年 6 月，国务院在批转公安部、粮食部《关于严格控制农业人口转为非农业人口的意见的报告》中，针对干部职工的农村家属违规迁入市镇的情况，提出必须继续贯彻从严控制城镇人口的方针，并明确要求公安机关要切实加强对农业人口迁入城镇的控制工作，粮食部门要坚决制止不按政策规定把集体所有制单位的农业人口就地转为非农业人口。在继续严格控制城镇人口规模增长的同时，1980 年 9 月，公安部、粮食部和国家人事局三部门联合发布《关于解决部分专业技术干部的农村家属迁往城镇由国家供应粮食问题的规定》，明确对于符合要求的专业技术干部在农村的配偶和十五周岁以下的子女（包括虽已成年，但因病残生活不能自理的）以及丧失劳动能力在农村无依无靠的父母，应当准许将户口迁入城镇，由国家供应口粮，并且不占公安部门正常审批的控制比例。此规定针对特殊群体在"农转非"问题上进行了一定程度上的放开，对整个户籍制度体系来说是一个重大突破。但在第二年（1981年 12 月），国务院发布《关于严格控制农村劳动力进城做工和农业人口转为非农业人口的通知》，明确要求严格控制农村劳动力进城做工和农业人口转为非农业人口，同时针对农村剩余劳动力问题提出应大力发展农村经济，引导农村多余劳动力在乡村搞多种经营。

随着市场化经济体制改革的深入推进和农村联产承包责任制的全面推广，全国商品经济获得极大发展，农民生产力获得极大释放，而仍处于严格控制中的农村向城镇的户口迁移，不仅制约了城市经济的进一步繁荣，也在农村地区形成了大量的剩余劳动力。严格的城乡户口隔离迫使广大农民寻找新的出路（费孝通，1998），以乡镇企业崛起为标志的乡村工业化道路正是在这种背景下产生的。为满足乡镇企业发展需要、吸纳农村剩余劳动力和有效控制城市人口规模，政府对集镇层面的户口管制有所松动。1984 年 1 月，中央在《关于 1984 年农村工作的通知》中提出，各省、自治区、直辖市可选若干集镇进行试点，允许务工、经商、办服务业的农民自理口粮到集镇落户。同年 10 月，国务院发布《关于农民进入集镇落户问题的通知》加以落实，明确：凡申请到集镇务工、经商、办服务业的农民和家属，在集镇有固定住所，有经营能力，或在乡镇企事业单位长期务工的，公安部门应准予落常住户口，及时办理入户手续，发给《自理口粮户口簿》，统计为非农业人口，并且同集镇居民户一样纳入街道居民小组，参加街道居民委员会活动，享有同等权利，履行应尽的义务。从此，落入集镇成为"自理口粮户"，成为农民进城的主要途径。据有关部门统计，1984～1990 年，全国共有 500 万名农民进入城镇成为"自理口粮户"（郭东杰，2019）。

从经济发展角度来说，吸纳农村剩余劳动力对城市及乡村双方发展都具有积极的作用，但此时城市相关管理部门基本都未放开对农民迁入城市的限制（郭东杰，2019）。随着"农民工"这一特殊群体规模日益壮大、人户分离现象日益普遍，原有"一户一本"的户籍管理制度已经无法满足人口尤其是对流动人口管理的需要。为应对改革开放初期人口流动的新形势，在借鉴深圳等城市实施暂住证制度并取得一定成效的基础上，1985 年 7 月，公安部出台《关于城镇暂住人口管理的暂行规定》，开始推行暂住证和寄住证，规定：暂住时间拟超过三个月的十六周岁以上的人，须申领《暂住证》；暂住时间较长的人，由所在地公安派出所登记为寄住户口，发给《寄住证》。同年 9 月，《中华人民共和国居民身份证条例》获得全国人大常委会审议通过，作为现代人口管理方式的居民身份证制度正式建立并实施。居民身份证制度是户籍管理制度的一项重大变革，与传统户口簿相比，更适合现代居民工作及生活的需要（刘贵山，2008），但居民身份证内附的基本公共服务、社会福利等权益或功能不及传统户口簿，并且某些基本公共服务权益的获取仍需依赖户口簿。

1979～1991 年市场化改革初期的中央户籍制度政策框架体系见表 1-3。

表 1-3　　1979～1991 年市场化改革初期的中央户籍制度政策框架体系

	年份	政策文件	主要内容
主体政策	1979 年 6 月	《关于严格控制农业人口转为非农业人口的意见的报告》	继续贯彻从严控制城镇人口的方针
	1980 年 9 月	《关于解决部分专业技术干部的农村家属迁往城镇由国家供应粮食问题的规定》	解决特殊群体"农转非"问题
	1984 年 10 月	《关于农民进入集镇落户问题的通知》	放开农民迁入集镇
	1985 年 9 月	《中华人民共和国居民身份证条例》	实施居民身份证制度
配套政策	1981 年 12 月	《关于严格控制农村劳动力进城做工和农业人口转为非农业人口的通知》	严格控制农村劳动力进城做工和农业人口转为非农业人口
	1985 年 7 月	《关于城镇暂住人口管理的暂行规定》	推行暂住证和寄住证

资料来源：作者根据中国政府网（https://www.gov.cn/）等公开资料整理。

（二）市场经济确立时期的户籍制度改革突破（1992～1999 年）

1992 年党的十四大报告确立了建立社会主义市场经济体制的改革目标，

外出务工的劳动力市场规模开始呈爆发式增长。为应对民工潮等引致的进城计划指标过少与进城落户农民过多之间的矛盾，1992 年 8 月，公安部代拟并发布《关于实行当地有效城镇居民户口制度的通知》，准许小城镇、经济特区、经济开发区以及高新技术产业开发区等地区，可以针对外商亲属、投资办厂人员以及被征地的农民等群体实行当地有效城镇户口制度，并"享受与城镇常住户口同等待遇"。由于户口簿的印鉴为蓝色，当地有效城镇户口又被称为"蓝印户口"或"绿皮户口"。"蓝印户口"一开始主要集中在小城镇，之后上海、深圳、广州、天津、厦门、苏州等大中城市也相继推出"蓝印户口"，并将其作为地方政府增加财政收入、吸引人才、招商引资以及推动商品房销售的重要手段，户口本身也在市场经济的氛围下发展成为一种有价值的商品。

1993 年 11 月，中共十四届三中全会通过《中共中央关于建立社会主义市场经济体制若干问题的决定》，提出建立全国统一开放的市场体系，实现城乡市场紧密结合，打破地区封锁、城乡分割的状况，并对户籍制度改革提出要求，即"逐步改革小城镇的户籍管理制度，允许农民进入小城镇务工经商"。1994 年 9 月，建设部、国家计委、国家体改委、国家科委、农业部和民政部联合发布《关于加强小城镇建设的若干意见》，提出要探索逐步改革小城镇的户籍管理制度的办法。1995 年 4 月，国家体改委等部委印发《小城镇综合改革试点指导意见》，明确提出小城镇应实施户籍制度管理体制改革，建议按照公安部关于户籍管理制度改革的要求进行试点，实行按居住地和就业原则确定身份的户籍登记制度，农民只要在小城镇具备合法固定的住所和稳定的就业条件，就可以申请在小城镇办理落户手续。1997 年 5 月，公安部发布《小城镇户籍管理制度改革试点方案》，尽管明确在小城镇已有合法稳定的非农职业或者已有稳定的生活来源，而且在有了合法固定的住所后居住已满两年的，可以办理城镇常住户口，但是仍然强调加强小城镇人口总量的宏观调控，严格小城镇落户的审批程序，对于试点小城镇农村人口办理城镇常住户口，实行指标控制，同时也提出，继续严格控制大中城市特别是北京、天津、上海等特大城市人口的机械增长。

总体来看，这一时期在市场化经济体制改革推动下户籍制度被要求不断改革，并在小城镇户籍制度改革上获得了极大的突破，形成了"小城镇先行、大城市滞后"的改革局面。这一户籍制度改革局面的形成与政府自 20 世纪 80 年代就已经达成的"控制大城市规模，合理发展中等城市，积极发展小城市"的城市发展总方针是密不可分的。由此，中国的户籍制度改革开始承担优化城市规模体系的职能。1992～1999 年市场化改革初期的中央户籍制度政策框架体系见表 1 - 4。

表 1 - 4　　1992 ~ 1999 年市场化改革初期的中央户籍制度政策框架体系

	年份	政策文件	主要内容
主体政策	1992 年 8 月	《关于实行当地有效城镇居民户口制度的通知》	"蓝印户口"诞生
	1995 年 6 月	《暂住证申领办法》	建立流动人口暂住证管理办法
	1997 年 5 月	《小城镇户籍管理制度改革试点方案》	小城镇已有合法稳定的非农职业或者已有稳定的生活来源,而且在有了合法固定的住所后居住已满两年的,可以办理城镇常住户口
	1997 年 5 月	《关于完善农村户籍管理制度意见》	实现农村户籍管理的制度化、规范化和现代化
	1998 年 7 月	《关于解决当前户口管理工作中几个突出问题的意见》	针对婴儿落户、夫妻分居、父母投靠子女、农业户口的男女青年结婚、在城市投资、兴办实业、购买商品房的公民及随其共同居住的直系亲属等情况的落户规定
配套政策	1994 年 9 月	《关于加强小城镇建设的若干意见》	探索改革小城镇的户籍管理制度的办法
	1995 年 4 月	《小城镇综合改革试点指导意见》	农民只要在小城镇具备合法固定的住所和稳定的就业条件,就可以申请在小城镇办理落户手续

资料来源:作者根据中国政府网(https://www.gov.cn/)等公开资料整理。

(三)快速城镇化时期的户籍制度改革加速(2000 ~ 2011 年)

自改革开放以后户籍制度开始松动以来,小城镇就被视为承接大量农村农业人口市民化的主要承载地。2000 年 6 月,中共中央、国务院发布《关于促进小城镇健康发展的若干意见》,指出:发展小城镇,可以吸纳众多的农村人口,降低农村人口盲目涌入大中城市的风险和成本,缓解现有大中城市的就业压力,走出一条适合我国国情的大中小城市和小城镇协调发展的城镇化道路。

为进一步引导农村人口向小城镇有序转移,促进小城镇健康发展,2001 年 3 月,国务院批转公安部《关于推进小城镇户籍管理制度改革意见的通知》,明确小城镇户籍管理制度改革的实施范围是县级市市区、县人民政府驻地镇及其他建制镇;要求凡在上述范围内有合法固定的住所、稳定的职业或生活来源的人员及与其共同居住生活的直系亲属，均可根据本人意愿办理城镇常住户口；对办理小城镇常住户口的人员不再实行计划指标管理；在户籍内含社会福利方面，也进一步强调要切实保障在小城镇落户人员的合法权利，经批准在小城镇落户的人员，在入学、参军、就业等方面与当地原有城镇居民享有同等权利，履行同等义务，不得对其实行歧视性政策。自此，我国已经全面放开了对于小城镇落户的限制。

与小城镇户籍制度改革取得突破性、实质性进展相比，我国在全国范围内推进大中城市户籍制度改革则较为谨慎，但鼓励各地方政府依据自身实际情况进行探索（魏后凯和盛广耀，2015）。随着地方政府拥有了一定的户籍制度改革权限，在中央审慎推进的大中城市领域，一些地方政府进行了积极的探索，部分城市的改革甚至被媒体称为"革命性"的（吴开亚和张力，2010）。总体来看，地方政府户籍制度改革取得突破进展主要包括三个方面。

1. 大中城市准入条件放宽

2001年7月，石家庄市出台《贯彻落实石家庄市户籍管理制度改革的实施细则》，针对"投亲、投资、管理技术人员、买房、大学生"等七类人员放宽落户市区标准，在全国省会城市中较早推进了户籍制度改革。同年11月，郑州市也出台《关于进一步完善和落实户籍制度改革政策的通知》，规定亲属投靠、新生儿、购房、投资纳税、工作、大中专院校毕业生以及成建制迁入七种情况的人员满足一定条件即可落户。之后，成都、重庆、上海、厦门、广州、武汉等地陆续出台相似的改革举措。张吉鹏和卢冲（2019）通过整理各地落户文件发现，落户门槛大致分为投资纳税、购房、就业、投靠、特殊贡献和其他七类（见表1-5）。

表1-5   准入制落户门槛类别

门槛	内容	门槛	内容
投资纳税落户	实际投资纳税额以及其他限制条件	购房落户	购房款总额及其他限制条件
高端人才落户	学历、职称等要求	普通就业落户	学历、工作及居住年限、住房等要求
家庭团聚落户	直系亲属投靠、新生儿、婚姻等	特殊贡献落户	获得重大奖项、优异表现、突出社会贡献等
其他情况落户		成建制迁入、郊区城镇化以及其他情况	

资料来源：根据孙文凯（2017）、张吉鹏和卢冲（2019）的研究整理。

2. 统一城乡户口登记制度

2002 年 11 月，江苏省政府批转省公安厅《关于进一步深化户籍管理制度改革意见的通知》，提出建立城乡统一的户口登记管理制度，并进一步明确在全省范围内取消农业户口、非农业户口、地方城镇户口、蓝印户口、自理口粮户口等各种户口性质，按照实际居住地登记户口，统称为"居民户口"。此后，陆续有其他省份跟进，先后取消农业户口与非农业户口的划分，形式上统一为居民户口。

3. 实施居住证制度

一些地区尤其是发达地区为了吸引人才，开始实行人才"居住证"制度。2002 年 4 月，上海市发布了《引进人才实行〈上海市居住证〉制度暂行规定》，明确要求"具有本科以上学历或者特殊才能的国内外人员，以不改变其户籍或者国籍的形式来本市工作或者创业的，可以依据本规定申领《上海市居住证》"，并详细规定了持有居住证在创办企业、科技活动、行政机关聘用、子女就读、基本养老保险、基本医疗保险、住房公积金等领域所享有的待遇。此后，北京、广东等地也相继实行人才居住证制度。

总体来看，这一时期各地方政府在获得了一定的自主权之后，基于本地城市发展、经济增长的需要，在推进户籍制度改革领域取得了一些有益的探索，为国家全面推进相关领域的户籍制度改革积累了一定的经验。例如，在上海、北京、广东等地先行开展居住证制度实践的基础上，2010 年 5 月，国务院批转《发展改革委〈关于 2010 年深化经济体制改革重点工作意见〉的通知》，正式提出"逐步在全国范围内实行居住证制度"。然而大部分地区城乡一元化户籍制度改革后，户籍制度背后隐含的教育、就业、医疗、养老等基本公共服务差别还远未消除（年猛，2017）。除此之外，一些城市尤其是大城市由于户籍"含金量"较高，放开落户限制后导致政府财政无法负担新增人口对于基本公共服务的需求，以至于取消改革举措，重新提高准入门槛。例如，郑州市在 2001 年降低落户门槛后，又于 2003 年 8 月出台《关于户籍管理制度改革的通知》，进一步降低了落户的门槛，短期内吸引大量人口流入，造成基本公共服务供需矛盾突出，引发社会矛盾。迫于压力，2004 年 8 月，郑州市公安局发布《规范户籍办理程序的通知》，停止户籍"新政"，重新执行 2001 年以来的户籍管理制度（王美艳和蔡昉，2008）。2011 年 2 月，国务院办公厅发布《关于积极稳妥推进户籍管理制度改革的通知》，指出"有的地方不分城市类别不顾城市综合承载能力，一味放宽落户城市的条件""对这些问题如不高度重视并及时妥善解决，就会严重影响城镇化依法健康有序进行，严重影响经济平稳较快发展和社会和谐稳定，也直接影响户籍管理制度改革的顺利推进"，并要求在落实放宽中小城市和小城镇落户条件的政策的同时，继续合理控制直辖市、副省级市和其他大城市人口规模。

2000～2011 年快速城镇化时期的中央户籍制度政策框架体系见表 1-6。

表 1-6　　2000～2011 年快速城镇化时期的中央户籍制度政策框架体系

年份	政策文件	主要内容
2000 年 6 月	《关于促进小城镇健康发展的若干意见》	改革小城镇户籍管理制度
2001 年 3 月	《关于推进小城镇户籍管理制度改革意见的通知》	全面放开小城镇落户
2010 年 5 月	《关于 2010 年深化经济体制改革重点工作意见》	逐步在全国范围内实行居住证制度
2011 年 2 月	《关于积极稳妥推进户籍管理制度改革的通知》	分类明确户口迁移政策

资料来源：作者根据中国政府网（https：//www.gov.cn/）等公开资料整理。

（四）新型城镇化时期的户籍制度改革深化（2012～2020 年）

随着市场化改革的深入推进，城市劳动力市场大门基本上已经完全对农民群体开放，引致大量农村劳动力进城务工。尤其是 2000 年以来，农村劳动力外出群体数量扩张迅速。图 1-1 数据显示：2002 年农民工约为 1.01 亿人，至 2012 年农民工已经增加至 2.63 亿人。但是由于户籍制度的存在，以农民工为主要构成的流动人口群体并未完全融入城市社会当中，难以获得身份认同感和归属感，造成城市内部劳动力市场分割（蔡昉等，2001）和社会分割（陈钊和陆铭，2016），扩大了城乡差距（陆铭和陈钊，2004；Whalley and Zhang，2007）和区域差距（朱江丽和李子联，2016）。

2012 年 11 月，党的十八大报告明确提出要加快改革户籍制度，有序推进农业转移人口市民化，努力实现城镇基本公共服务常住人口全覆盖。2013 年 11 月，中共十八届三中全会通过的《中共中央关于全面深化改革若干重大问题的决定》提出，推进农业转移人口市民化，逐步把符合条件的农业转移人口转为城镇居民，并要求把进城落户农民完全纳入城镇住房和社会保障体系，同时进一步提出分类推进户籍制度改革的具体路径，即全面放开建制镇和小城市落户限制，有序放开中等城市落户限制，合理确定大城市落户条件，严格控制特大城市人口规模。2014 年 3 月，《国家新型城镇化规划（2014—2020 年）》出台，明确提出了"实现 1 亿左右农业转移人口和其他常住人口在城镇落户"的发展目标，有序推进符合条件的农业转移人口落户城镇，并逐步解决在城镇就业居住但未落户的农业转移人口享有城镇基本公共服务的问题。

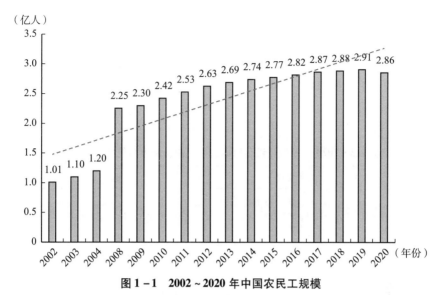

图 1 - 1　2002 ~ 2020 年中国农民工规模

资料来源：2002 ~ 2004 年数据来源于国家统计局农调队对全国 31 个省（区、市）6.8 万个农村住户和 7100 个行政村进行的抽样调查，详见魏毅等（2006）；2008 ~ 2020 年数据来源于国家统计局历年《农民工监测调查报告》。

为推进以人为核心的新型城镇化奠定制度基础，2014 年 7 月，国务院发布《关于进一步推进户籍制度改革的意见》，标志着以农民工市民化为主要目标的新一轮户籍制度改革开始（邹一南，2020）。该意见进一步强调，到 2020 年，努力实现 1 亿左右农业转移人口和其他常住人口在城镇落户，对分类推进户籍制度改革提出进一步要求，即全面放开建制镇和小城市落户限制、有序放开中等城市落户限制、合理确定大城市落户条件、严格控制特大城市人口规模，同时取消农业户口与非农业户口性质区分和由此衍生的蓝印户口等户口类型，统一登记为居民户口，建立居住证制度并切实保障农业转移人口及其他常住人口合法权益。为进一步落实《意见》相关要求，2014 年 9 月，国务院印发《关于进一步做好为农民工服务工作的意见》，对有序推进农民工市民化工作进行进一步部署。2015 年 10 月，国务院颁布《居住证暂行条例》，开始在全国范围内实施居住证制度，同时强调对居住证持有人基本公共权益的保障，要求县级以上人民政府发展改革、教育、公安、民政、司法行政、人力资源社会保障、住房城乡建设、卫生计生等有关部门应根据各自职责，做好居住证持有人的权益保障、服务和管理工作，并规定了居住证持有人落户的基本条件。此后几年，国务院及中央有关部门也陆续出台了多项促进政策及配套措施来加快推进户籍制度改革（见表 1 - 7）。在多维政策组合的推动下，这一轮的户籍制度改革已经大幅度降低了外来人口尤其是农民工的落户门槛。截至 2020 年底，中国常住人口城镇化率达到 63.89%、户籍人口城镇化率为 45.4%，尽管两者相差达 18.49 个百分点①，但已经如期实现了 1 亿农业转移人口和其他常住人口在城镇落户的目标。2012～2020 年新型城镇化时期的中央户籍制度政策框架体系见表 1-7。

表 1-7　　　　2012～2020 年新型城镇化时期的中央户籍制度政策框架体系

	年份	政策文件	主要内容
主体政策	2013 年 11 月	《中共中央关于全面深化改革若干重大问题的决定》	推进农业转移人口市民化；分类推进户籍制度改革
	2014 年 3 月	《国家新型城镇化规划（2014—2020 年）》	实现 1 亿左右农业转移人口和其他常住人口在城镇落户
	2014 年 7 月	《关于进一步推进户籍制度改革的意见》	调整户口迁移政策，统一城乡户口登记制度，全面实施居住证制度，加快建设和共享国家人口基础信息库，稳步推进义务教育、就业服务、基本养老、基本医疗卫生、住房保障等城镇基本公共服务覆盖全部常住人口
	2015 年 10 月	《居住证暂行条例》	全国范围内实施居住证制度，同时强调对居住证持有人基本公共权益的保障
	2016 年 2 月	《关于深入推进新型城镇化建设的若干意见》	围绕新型城镇化目标任务，加快推进户籍制度改革，提升城市综合承载能力，制定完善土地、财政、投融资等配套政策
	2016 年 9 月	《推动 1 亿非户籍人口在城市落户方案》	城乡区域间户籍迁移壁垒加速破除，配套政策体系进一步健全，户籍人口城镇化率年均提高 1 个百分点以上，年均转户 1300 万人以上
	2016 年 12 月	《国家人口发展规划（2016—2030 年）》	加快推进以人为核心的城镇化，引导人口流动的合理预期，畅通落户渠道
	2019 年 3 月	《2019 年新型城镇化建设重点任务》	继续加大户籍制度改革力度，在此前城区常住人口 100 万以下的中小城市和小城镇已陆续取消落户限制的基础上，城区常住人口 100 万～300 万人的Ⅱ型大城市要全面取消落户限制；城区常住人口 300 万～500 万人的Ⅰ型大城市要全面放开放宽落户条件，并全面取消重点群体落户限制。超大特大城市要调整完善积分落户政策，大幅增加落户规模、精简积分项目，确保社保缴纳年限和居住年限分数占主要比例

---

① 数据来源于国家统计局官方网站 http：//www.stats.gov.cn/tjsj。

续表

	年份	政策文件	主要内容
主体政策	2020年4月	《2020年新型城镇化建设和城乡融合发展重点任务》	督促城区常住人口300万人以下城市全面取消落户限制；推动城区常住人口300万人以上城市基本取消重点人群落户限制；推动超大特大城市和Ⅰ型大城市改进积分落户政策，确保社保缴纳年限和居住年限分数占主要比例
配套政策	2014年2月	《关于建立统一的城乡居民基本养老保险制度的意见》	"十二五"末，在全国基本实现新农保和城居保制度合并实施，并与职工基本养老保险制度相衔接。2020年前，全面建成公平、统一、规范的城乡居民养老保险制度
	2016年5月	《关于加快培育和发展住房租赁市场的若干意见》	在城镇稳定就业的外来务工人员、新就业大学生和青年医生、青年教师等专业技术人员，凡符合当地城镇居民公租房准入条件的，应纳入公租房保障范围
	2016年7月	《关于实施支持农业转移人口市民化若干财政政策的通知》	强化地方政府尤其是人口流入地政府的主体责任，建立健全支持农业转移人口市民化的财政政策体系
	2016年7月	《关于统筹推进县域内城乡义务教育一体化改革发展的若干意见》	推进县域内城乡义务教育学校建设标准统一、教师编制标准统一、生均公用经费基准定额统一、基本装备配置标准统一和"两免一补"政策城乡全覆盖，到2020年，城乡二元结构壁垒基本消除
	2016年9月	《关于建立城镇建设用地增加规模同吸纳农业转移人口落户数量挂钩机制的实施意见》	到2018年，基本建立人地挂钩机制；到2020年，全面建立科学合理的人地挂钩机制政策体系
	2017年1月	《"十三五"推进基本公共服务均等化规划》	城乡区域间基本公共服务大体均衡
	2019年2月	《关于培育发展现代化都市圈的指导意见》	放开放宽除个别超大城市外的城市落户限制，在具备条件的都市圈率先实现户籍准入年限同城化累积互认，加快消除城乡区域间的户籍壁垒
	2019年12月	《关于促进劳动力和人才社会性流动体制机制改革的意见》	以户籍制度和公共服务牵引区域流动；全面取消城区常住人口300万人以下的城市落户限制，全面放宽城区常住人口300万~500万人的大城市落户条件；完善城区常住人口500万人以上的超大特大城市积分落户政策

资料来源：作者根据中国政府网（https://www.gov.cn/）等公开资料整理。

第二节　中国户籍制度改革的重要特征

从制度变迁角度来说，户籍作为一种制度安排，形成于新中国成立初期并在特殊历史阶段发挥了一定的作用。随着中国内外环境的改变、发展方式的转变以及宏观制度的转轨，在多重力量博弈下，户籍制度开始改革。总体来看，我国户籍制度的改革具有以下显著特征。

一、从改革力度来看，以分类式为特征

不同规模城市户籍背后所隐含的福利水平有所不同，一般来说，城市规模越大，该城市户口附带的福利水平越高，当地政府公共财政负担也越大。从理性人角度出发，在考虑其他条件不变情况下，如果所有不同规模城市的户籍统一无门槛放开，那么人口会大规模涌入福利水平高的大城市，这样不仅会加重大城市政府的财政负担，而且会在一定程度上"稀释"户口的福利水平，易引发当地人不满。

因此，政府在推进全国层面的户籍制度改革时，一直遵循"分类推进"的思路，城市规模不同，户籍制度改革的力度也不同，小城镇力度最大，其次是中小城市、大城市。从地方实践来看，尽管地方政府获得了一定的改革自主权，但基于自身财政实力、人口规模、基本公共服务供给能力以及中央政策导向等综合考虑，也基本上遵循城市规模越大、户籍放开力度越小的改革路径。张吉鹏和卢冲（2019）的研究也证实了一般情况下，超大城市落户的难度要大于特大城市和大城市，而大城市的落户难度也要大于中等城市，呈现规模越小、落户难度越小的特征。由于城市规模与其行政等级具有高度相关性，一般而言，城市行政等级越高，其规模也越大（王垚等，2015；年猛和王垚，2016），因此，省级市、副省级市等城市的落户门槛要高于一般地级城市。我国主要城市落户难度、城市规模与行政等级见表1-8。

二、从改革速度来看，以渐进式为特征

改革开放以来，我国推进体制机制改革始终遵循"摸着石头过河"和渐进式改革的思路，这是中国制度转轨实践过程中取得的重要成功经验之一。与

激进式改革相比，渐进式改革方略具有容易凝聚共识、对原有社会冲击小、成功率高等优点，当然也具有改革周期长、不彻底等风险。为维持社会稳定发展的局面，政府在对户籍制度进行调整与改革的过程中，同样遵循渐进式改革的思路，主要表现在对落户准入制的逐步放松和采取居住证等过渡性设计方案两大方面（赵德余，2009）。

表1-8　　　　　　中国主要城市落户难度、城市规模与行政等级

城市	综合落户难度	城市规模类型	行政等级
北京	2.6284	超大城市	省级市
上海	2.1385		
深圳	2.0032		副省级市
广州	1.7892		副省级省会城市
重庆	1.1615		省级市
天津	1.1269		
济南	0.8755	特大城市	副省级省会城市
杭州	0.8621	特大城市	
青岛	0.7799	特大城市	副省级市
南京	0.7379	特大城市	副省级省会城市
淄博	0.7203	Ⅱ型大城市	一般地级市
珠海	0.7152	Ⅱ型大城市	
三亚	0.6779	中等城市	
烟台	0.6776	Ⅱ型大城市	
徐州	0.6115	Ⅱ型大城市	
襄阳	0.6053	Ⅱ型大城市	
吉林	0.5278	Ⅱ型大城市	
榆林	0.4912	中等城市	
嘉兴	0.4694	中等城市	

资料来源：城市综合落户难度数据来源于张吉鹏和卢冲（2019）的研究；城市规模类型划分参照2014年国务院印发的《关于调整城市规模划分标准的通知》。

一是逐步放松落户准入条件。户籍准入制的特点是一旦申请人满足条件，即可获得常住地户口，同时所获取的基本权益和福利与当地居民相同。2000年以后，地方政府在户籍制度改革领域获得了一定的自主权，一些城市根据自

身基本公共服务供给能力、财政支出能力、综合经济实力以及未来发展战略决策等因素制定本地户籍准入条件。常见的准入条件包括投资纳税、就业、购房等，一般而言，满足其中某一类条件即可落户。

此后，一些城市在户籍准入制的基础上开始实行积分落户制。2012 年，深圳率先开始统一实施积分落户政策，随后广东、上海等地区也陆续跟进。2014 年，国务院在《关于进一步推进户籍制度改革的意见》中，提出：城区人口 300 万～500 万人的城市，要适度控制落户规模和节奏，可以对合法稳定就业的范围、年限和合法稳定住所（含租赁）的范围、条件等做出较严格的规定，也可结合本地实际，建立积分落户制度；改进城区人口 500 万人以上的城市现行落户政策，建立完善积分落户制度；开始将积分落户制作为控制大城市、特大城市人口规模的一种手段，进行全国推广。

二是采取过渡性制度设计方案。这种方案的特点是设计一种"准"户口，在基本公共服务或权益的获取方面仅享受部分"正式"户口的待遇。采取"准"户口这种过渡性制度设计方案的主要目的是缓解当地政府财政支出压力、便于管理流动人口、控制城市规模，有的地方政府出台"准户口"政策也是基于吸引人才、增加财政收入等目的。从中国户籍制度改革实践来看，"蓝印户口"和目前已经普及的居住证制度即是一种过渡性的户籍制度设计。

"蓝印户口"实践于 20 世纪 90 年代，不同城市出台的蓝印户口政策不尽相同。蓝印户口不属于常住户口，一般来说，蓝印户口待遇要低于常住户口，并且需要进行定期审核，对于审核不合格者，当地公安机关会予以注销。此外，大多数城市也规定持有蓝印户口在满足一系列条件后，当事人可以申请办理常住户口。随着 2016 年 1 月 1 日《居住证暂行条例》在全国范围内实施，居住证制度开始取代蓝印户口、暂住证等制度。尽管居住证制度被认为是暂住证的"升级版"，但与暂住证具有显著区别。居住证不仅附带一些基本的公共服务和权益，并根据《居住证暂行条例》要求，"居住证持有人符合居住地人民政府规定的落户条件的，可以根据本人意愿，将常住户口由原户口所在地迁入居住地"，并建议一些大城市、特大城市和超大城市建立并完善居住证转换为常住户口的积分落户制度，以畅通居住证持有人的落户通道。

三、从改革动力来看，以多维博弈为特征

道格拉斯·诺斯（Douglass North，1993）认为制度的形成与变迁源于群体成员之间利益的冲突与协调。户籍制度作为一项重要的权力与利益的安排，

能否顺利推进改革以及走哪条路径，都取决于各利益相关主体之间的博弈（赵德余，2009）。

从影响户籍制度改革进展的相关利益主体来看，中国城镇化过程中的主要利益主体包括中央政府、地方政府、城市户籍人口与非户籍人口（见图1-2）。从政府层面来看，中央政府是户籍制度改革的推动者、路径的设计者，在整个户籍制度变迁过程中处于主导地位，地方政府虽然具有一定的改革自主权，但主要处于承担中央政府决策的角色，并且二者在市民化带来的收益与成本中，存在责权不匹配问题。根据魏义方和顾严（2017）的估算：2014～2020年，在基本公共服务支出责任划分和分税制等不变情况下，地方政府虽然获得了市民化带来财政收益份额的67%，但承担了97%的市民化财政成本。由此可见，基于市民化成本与收益的分析，中央政府与地方政府在推进户籍制度改革、加快农业转移人口市民化进程方面存在显著的内在不一致，地方政府尤其是一些市民化成本较高地区的政府，积极性普遍不高。为落实中央政府关于推动1亿非户籍人口落户城市的决策部署，国务院办公厅印发《推动1亿非户籍人口在城市落户方案》，一方面明确中央财政根据其吸纳农业转移人口进城落户人数等因素适当给予奖励，另一方面强化监测检查，对非户籍人口落户城市等情况进行审计监督，并将审计结果及整改情况作为有关部门考核、任免、奖惩领导干部的重要依据。

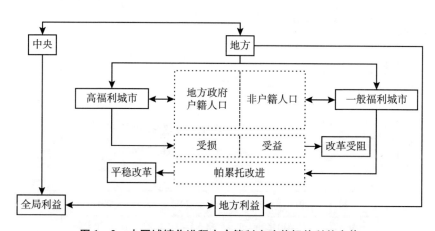

图1-2 中国城镇化进程中户籍制度改革相关利益主体

从居民层面来看，现有户籍制度下，外来人口会对本地居民造成冲击（蔡昉等，2001），因此原有居民更愿意维护现有户籍制度。与此同时，非户籍人口基于基本权益诉求，会不断要求政府部门降低落户门槛。一旦非户籍人口达到一定规模，就会对政府部门的决策形成足够的影响。因此，我国的户籍制度改革是中央政府、地方政府、户籍人口与非户籍人口之间相互博弈的过程。

第三节　当前户籍制度改革面临的主要困境

虽然学术界对户籍制度改革的呼声很高，近年来中央与地方协同推进户籍制度改革的力度也空前加大，但是户籍制度改革推进力度仍然滞后于经济社会发展需要（吴开亚和张力，2010）。根据国家统计局《2020年农民工监测调查报告》[①]，尽管与2019年相比，2020年全国农民工总量下降了1.8%，但仍超过2.85亿人。如此大规模处于"半城镇化"状态、尚未落户城镇的农民工群体暴露出户籍制度改革仍面临一些困境（欧阳慧，2020）。此外，从常住人口城镇化率与户籍人口城镇化率的差距来看（见图1-3），从2016年开始，常住人口城镇化率与户籍人口城镇化率之间的差距开始由缩小转为扩大，至2020年，两者差距增加至18.49个百分点，未能实现《国家新型城镇化规划（2014—2020年）》提出的与2012年相比缩小2个百分点左右的目标。

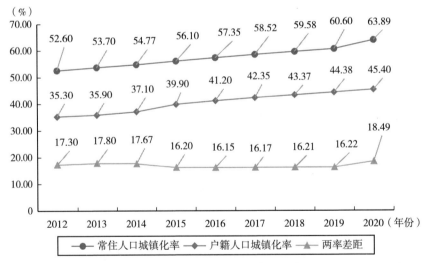

图1-3　中国常住人口城镇化率与户籍人口城镇化率的差距（2012～2020年）

注：2013～2019年数据来源于国家统计局公布的历年《国民经济和社会发展统计公报》，2020年数据来源于国家统计局公布的第七次全国人口普查公报，http://www.stats.gov.cn/tjsj/tjgb/。

---

① 2020年农民工监测调查报告 http://www.stats.gov.cn/tjsj/zxfb/202104/t20210430_1816933.html。

一、人口流向与政策导向错配

随着我国逐步放开对人口流动的限制，大量劳动者开始流向就业机会更多、基本公共服务水平更高的高行政等级城市和大城市。《中国流动人口发展报告（2012）》[①] 显示：大中城市集中了 80% 以上的全国流动人口，其中 54.1% 的流动人口主要集中在直辖市、计划单列市以及省会城市等高行政等级城市。从农民工流向来看，根据国家统计局发布的《2015 年农民工监测调查报告》[②]，2015 年，80% 的跨省流动农民工群体流入了地级以上的大中城市，而省内流动的农民工群体流入地级以上的大中城市占比则达到了 54.6%。因此，从图 1-4 可以看出：涵盖直辖市、计划单列市和省会城市的全国 36 个主要城市人口占全国比重一直呈增长态势。1998~2019 年，全国主要城市人口占全国

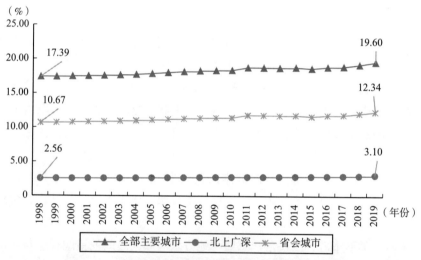

图 1-4 全国主要城市人口占全国比重（1998~2019 年）

注：人口占比 = 城市年末总人口/全国年末总人口；主要城市涵盖直辖市、计划单列市和各省省会城市，包括北京、天津、石家庄、太原、呼和浩特、沈阳、大连、长春、哈尔滨、上海、南京、杭州、宁波、合肥、福州、厦门、南昌、济南、青岛、郑州、武汉、长沙、广州、深圳、南宁、海口、重庆、成都、贵阳、昆明、拉萨、西安、兰州、西宁、银川和乌鲁木齐等 36 个城市；数据来源于国家统计局官网，http://www.stats.gov.cn/tjsj。

---

① 国家人口计生委流动人口服务管理司编，中国流动人口发展报告 2012 [M]．北京：中国人口出版社，2012。

② http://www.stats.gov.cn/tjsj/zxfb/201604/t20160428_1349713.html。

比重由 17.39% 增加至 19.60%，其中省会城市由 10.67% 增加至 12.34%，而一线超大城市（北京、上海、广州、深圳）则由 2.56% 增加至 3.10%。与人口规模不断增长的大城市相比，一些中小城市确实呈现出人口流失状态。根据王垚（2021）的研究，2017 年共有 46 个地级以上城市处于收缩状态且主要集中在地级市。

但是，政府针对户籍制度改革的总体方针是"控制大城市、有序放开中等城市、全面放开小城镇"，即使在实施新型城镇化战略时期取消了城区常住人口 300 万人以下城市落户的限制，但仍对其他 Ⅰ 型大城市、特大城市、超大城市的人口规模进行严格控制。由此导致外来人口较多的城市往往也是落户政策较严的城市，出现"人口流向与政策导向错配"的现象，在一定程度上造成我国常住人口城镇化率与户籍人口城镇化率差距难以有效缩小。

二、居民落户意愿与地方政府倾向错配

依据 2017 年《中国流动人口动态监测调查数据》针对流动人口的落户意愿调查①结合地方政府针对流动人口落户限制的倾向（见表 1-9）可以发现，流动人口落户意愿与地方政府倾向存在显著的错配，即流动人口落户意愿越高的城市，其地方政府对外来人口落户限制的倾向就越严格。以居民落户意愿较高的北京和较低的日照为例，北京市流动人口愿意落户的群体比例高达 78.2%，但政府倾向仅为 0.63，表明外来人口获取北京户籍的难度较大；相反，日照市流动人口愿意落户的群体比例仅为 15%，政府倾向为 1.04，不仅表明获取日照市户籍的难度较小，也反映了日照市属于人口流失城市，对外来人口的吸引力显著不足。

从城市类型来看，居民落户意愿与地方政府倾向之间的错配程度与城市规模、行政等级都有一定的相关性。一般来说，城市规模越大、行政等级越高，居民落户意愿也就越高②，地方政府针对外来人口落户的倾向也就越低，由此导致这些城市居民落户意愿与地方政府倾向之间的错配。

---

① 《中国流动人口动态监测调查数据》来源于国家卫生健康委流动人口服务中心，目前只有 2012 年、2016 年和 2017 年的调查数据涉及居民落户意愿。

② 也有一些个别城市存在例外现象，如重庆、石家庄、南宁、贵阳等，其外来人口落户意愿与该城市的规模、行政等级并不存在高度正相关关系，而作为直辖市的重庆和省会城市的南宁针对外来人口落户的限制也较为宽松，由此导致这些城市的居民落户意愿与地方政府倾向之间的错配程度与城市规模大小、行政等级高低之间的相关性与普遍现象并不相符。

表 1 - 9　　　　　　　城市规模等级、居民落户意愿与地方政府倾向

城市	规模等级	落户意愿（%）	政府倾向	城市	规模等级	落户意愿（%）	政府倾向
上海	超大城市	74.26	0.59	石家庄	Ⅱ型大城市	23.45	0.89
北京	超大城市	78.20	0.63	南昌	Ⅱ型大城市	31.45	0.96
深圳	超大城市	53.28	0.27	汕头	Ⅱ型大城市	29.33	1.03
重庆	超大城市	34.51	1.08	南宁	Ⅱ型大城市	34.27	1.06
天津	特大城市	61.20	0.74	福州	Ⅱ型大城市	36.95	0.90
成都	特大城市	38.20	0.89	无锡	Ⅱ型大城市	31.98	0.75
广州	特大城市	50.23	0.51	合肥	Ⅱ型大城市	25.54	0.93
南京	特大城市	49.60	0.82	乌鲁木齐	Ⅱ型大城市	48.95	0.64
武汉	特大城市	48.90	0.78	东莞	Ⅱ型大城市	29.33	0.20
西安	Ⅰ型大城市	43.20	0.94	贵阳	Ⅱ型大城市	27.85	0.85
沈阳	Ⅰ型大城市	37.40	0.89	洛阳	Ⅱ型大城市	36.50	1.08
哈尔滨	Ⅰ型大城市	43.70	0.87	厦门	Ⅱ型大城市	61.98	0.58
昆明	Ⅰ型大城市	28.40	0.83	宁波	Ⅱ型大城市	30.35	0.75
郑州	Ⅰ型大城市	31.12	0.85	兰州	Ⅱ型大城市	34.70	0.87
杭州	Ⅰ型大城市	41.00	0.80	呼和浩特	Ⅱ型大城市	31.05	0.78
济南	Ⅰ型大城市	50.35	0.88	西宁	Ⅱ型大城市	41.25	0.87
青岛	Ⅰ型大城市	54.45	0.86	海口	Ⅱ型大城市	50.50	0.66
大连	Ⅰ型大城市	50.50	0.85	张家口	中等城市	42.08	1.05
太原	Ⅱ型大城市	43.40	0.74	湘潭	中等城市	25.63	1.05
长沙	Ⅱ型大城市	19.05	0.79	长治	中等城市	32.08	1.05
苏州	Ⅱ型大城市	46.35	0.65	日照	中等城市	15.00	1.04

注：（1）居民落户意愿数据来源于 2017 年《中国流动人口动态监测调查数据》；（2）城市规模等级根据《2017 年中国城市建设统计年鉴》发布的"城区人口"规模和《国务院关于调整城市规模划分标准的通知》进行划分；（3）以户籍率作为该城市吸纳外来人口落户的倾向；计算方法依据邹一南等（2014）的研究，即户籍率 = 户籍人口/常住人口；本章以全市为口径进行计算，数值越小，表明该城市户籍限制程度越严格。

三、市民化成本与收益错配

推进农业转移人口市民化需要负担一定的成本，并不是简单给予"一纸城市户口"（年猛，2020），"农转非"是我国对公共资源进行再配置、推动基本公共服务均等化的过程（罗云开，2015），实质是财政问题（东北财经大学课题组，2014）。长期以来，中国户籍人口城镇化率显著低于常住人口城镇化率的一个重要原因在于，中央政府与地方政府在分配市民化过程中的成本与收益方面存在错配，即中央政府在农业转移人口市民化的过程中获取的收益大于成本，地方政府收益小于成本，导致地方政府由于财政负担过重而对解决农业转移人口市民化问题的积极性不高，制约了农业转移人口的市民化进程。

以实现1亿名农业转移人口进城落户为例，根据魏义方和顾严（2017）的估算，2014~2020年，总体来看，尽管地方政府在1亿农业转移人口市民化过程中获得的财政收益比重达67%，但承担了97%的财政成本，由此导致地方政府财政净收益为负。

因此，尽管中央政府不断要求放松落户限制，但地方政府因财政负担较大而普遍积极性不高。综合多方面因素，市民化成本相对较高、农业转移人口数量较多的大城市逐渐建立了积分落户制度。

第二章 中国城市规模体系演变特征及其合理性检验

城市规模体系（亦称城市体系、城市规模分布或城市规模分布体系）是指一个国家或区域内部不同人口规模城市在空间上的分布情况（年猛，2021），其分布的特征在一定程度上反映该国家或地区城市发展模式或城镇化道路是否处于经济学研究范式中所倡导的最优路径之上，不仅得到学界的关注，政府相关部门也对此高度重视。本章使用1990年、2000年和2010年全国人口普查数据，利用齐普夫定律（Zipf's Law）、吉布拉定律（Gibrat's Law）和空间均衡定理描述中国城市规模体系的演变特征并对其进行合理性检验。

第一节 城市规模体系研究综述

新中国成立以来，中国常住人口城镇化率由1949年的10.6%增加至2020年的63.89%，数亿农村人口迁移并长期居住在城市，改变了数千年以来中国以乡村为主要承载空间的人口分布形态，由"乡土中国"转向"城乡中国"（周其仁，2014）。美国经济学家约瑟夫·斯蒂格里茨（Joseph Stiglitz）将中国这种人类历史上都极为罕见的大规模城乡人口流动称之为"深刻影响21世纪人类发展的两大课题"之一（吴良镛等，2003）。快速城镇化进程不仅给中国的经济社会发展带来深刻的影响，也重塑了全球的经济发展格局，引起国内大量学者的研究和关注。从现有文献来看，关于中国城镇化进程的研究大量集中在城镇化率领域，针对城市规模体系领域的研究则相对缺乏（唐为，2016）。

城市规模分布体系可以理解为不同规模城市数量的组合，这种组合不仅会对经济增长（谢小平和王贤彬，2012）、资源配置效率（Henderson，2003）等宏观经济问题产生直接影响，也会对劳动者收入（赵颖，2013）等微观个体产生影响。由于城市规模体系具有上述经济影响，这就引起经济学家们关于城市规模体系最优状态或合理性的研究。目前，学术界公认并获得普遍应用的用来描述城市规模体系特征以及判断该国家或地区城市规模体系是否合理或最优的方法主要有齐普夫定律、吉布拉定律和空间均衡定理（Chauvin et al.，2017）。

　　首先，齐普夫定律亦被称为"位序—规模"法则（rank-size rule），是指在一个城市规模体系当中，第 N 位城市的人口规模应当是最大城市（即首位城市）的1/N，在大样本中则服从帕累托指数（Pareto Index）为1的分布。齐普夫定律由哈佛大学语言学家 G. K. 齐普夫（G K Zipf，1949）提出，被经济学及其他一般社会科学誉为最显著的经验事实之一（Gabaix，1999），并得到了罗森和雷斯尼克（Rosen and Resnick，1980）、保罗·克鲁格曼（Paul Krug-man，1996）、伊顿和埃克斯坦（Eaton and Eckstein，1997）等大量经济学者的实证研究支持。自齐普夫定律应用到城市规模体系研究领域以来，在很长一段时间内都被奉为普世真理，但近些年来有越来越多的研究发现其适用性存在诸多缺陷。例如，齐普夫定律受"门槛城市规模"影响（Eeckhout，2004），不适用于全样本分析，仅上尾分布（Up-Tailed Distribution）拟合较好（Gabaix，1999；Ioannides and Overman，2003），并且未在全球样本中得到普遍证实（Soo，2005），不仅西方发达国家（如美国）与发展中国家（如中国、巴西）等具有显著差异（Chauvin et al.，2017），就连在发展中国家之间也具有显著区别（Soo，2014）。

　　吉布拉定律是指"城市人口增长率与其初始规模水平无关"。D. G. 钱珀瑙恩（D G Champernowne，1953）和 X. 加贝克斯（X Gabaix，1999）的研究表明，如果吉布拉定律成立则城市规模分布会服从齐普夫定律。尽管吉布拉定律得到了约安尼季斯和奥弗曼（Ioannides and Overman，2003）、J. 埃克霍特（J Eeckhout，2004）等学者的证实，也适用于美国近几十年来的城市规模增长情况（Chauvin et al.，2017），但 M. 博斯克（M Bosker et al.，2008）对德国的研究以及 E. 格莱泽（E Glaeser et al.，2014）对美国城市增长历史的研究都不支持吉布拉定律。虽然吉布拉定律与齐普夫定律一样，其适用性不断受到经济学家们的质疑，但这两个定律作为评估城市规模体系是否合理的主要方法，似乎并未受到影响。

　　空间均衡定理是城市经济学的理论核心，包含城市内部均衡和城市间均衡两个层面。空间均衡定理最先由 W. 阿隆索（W Alonso，1964）提出，用于解释城市内部土地价格及其用途的差异，之后 S. 罗森（S Rosen，1979）和 J. 罗巴克（J Roback，1982）将空间均衡的思想应用于研究城市之间居民收入与生活成本之间的差异。在罗森和罗巴克的模型中，空间均衡的基本思想可以简单理解为一个城市的优势（例如工资水平高、基本公共设施好、自然条件优越等）应与其劣势（如通勤成本高、房租价格高等）相抵消，以促使城市之间达到一种均衡状态。这种城市之间的均衡状态与一般均衡内涵相似，理论上也处于帕累托最优状态。因此，空间均衡定理可以用来检验一国或地区城市之间是否均衡，从而反映规模体系是否合理。

　　运用以上方法来检验中国城市规模体系是否合理，需要至少考虑以下两个方面带来的影响。第一，中国城镇化进程尚未结束。伴随着改革开放以来大规模的农村人口向城市的流动，中国常住人口城镇化率由 1978 年的 17.9% 迅速增加至 2021 年的 64.72%，但与发达国家 80% 以上的城镇化率相比，仍有一段距离。因此，伴随宏观经济进一步增长，今后较长一段时期内农村人口向城市迁移的现象仍会继续存在，即城镇化进程还会继续推进，这就会导致中国各城市之间的相对规模会处于不断变化的状态，造成城市规模体系不稳定，从而难以判断是否合理。例如，格莱泽等（2014）研究认为，吉布拉定律并不普遍适用于美国各历史时期上的城市动态演变，尤其是城市变化比较剧烈时。第二，中国城镇化推进模式不同。市场和政府是推进城镇化的两种主要力量，与发达国家主要依靠市场经济力量不同，处于转型时期的中国城镇化进程中政府与市场共同发挥作用（蔡昉和都阳，2003），并且与市场相比，政府往往作用更大（李强等，2012）。由于政府的干预，基于市场经济框架下的理论或实证结论在中国的应用就会产生偏差。除此之外，行政区划频繁调整、新城市不断涌现以及统计数据质量等问题（李松林和刘修岩，2017）都会对中国城市规模分布和准确评估产生一定的影响。

　　从现有研究成果来看，国内文献关于中国城市规模体系分布的研究大多运用齐普夫定律或吉布拉定律进行分析，而使用空间定律进行检验的文献相对缺乏。鉴于此，本章在前述学者研究的基础上，使用齐普夫定律、吉布拉定律和空间均衡定理来描述和检验中国城市规模分布是否合理。

第二节　城市规模体系检验方法及城市规模衡量

一、城市规模分布体系合理性检验方法

（一）齐普夫定律

F. 奥尔巴赫（F Auerbach，1913）和 H. W. 辛格（H W Singer，1936）最

早提出并证明城市规模分布可以用帕累托分布进行描述（沈体雁和劳昕，2012），如式（2-1）所示。

$$R = AP^{-\alpha} \qquad (2-1)$$

其中，R 表示城市规模的排名，P 表示城市规模，A 和 α 为估计参数，学者比较关注的是 α 即帕累托指数的估计。一般情况下，α 越大，城市规模分布越均匀，即扁平化；α 越小，城市规模分布越集中在少数几个大城市，即集中化。而当 α = 1 时，城市规模分布服从位序 - 规模法则，即齐普夫定律。因此，城市规模分布集中还是扁平就往往以帕累托指数为 1 作为分界。对式（2-1）进行简单对数变换，就可以得出 α 的线性估计方程，如式（2-2）所示。

$$\ln R = \ln A - \alpha \ln P + \varepsilon \qquad (2-2)$$

国内学者大多使用式（2-2）来估计帕累托指数（例如梁琦等，2013）。但加贝克斯和约安尼季斯（Gabaix and Ioannides，2004）认为使用普通最小二乘法（OLS）估计式（2-2）会导致系数 α 的估计值产生有限样本向下偏误。为纠正上述偏误，加贝克斯和伊布拉吉莫夫（Gabaix and Ibragimov，2011）提出了以下修正方程，如式（2-3）所示。

$$\ln(R - 1/2) = \ln A - \alpha \ln P + \varepsilon \qquad (2-3)$$

（二）吉布拉定律

借鉴埃克霍特（2004）、魏守华等（2018）学者的研究，构建式（2-4）检验吉布拉定律。

$$(P_{it+1} - P_{it})/P_{it} = C - \alpha \ln P_{it} + \varepsilon_i \qquad (2-4)$$

其中，P_{it} 表示 t 时期 i 城市规模，则式（2-4）的左侧部分是 i 城市规模增长率。如果估计出系数 α 的结果在统计上与 0 无显著差异，则表明吉布拉定律成立。

（三）空间均衡定理

在劳动力自由流动假设条件下，空间均衡模型表明各城市之间劳动者实际收入水平[①]应相等。借鉴吉布拉定律检验的思路，构建式（2-5）检验空间均衡定理是否存在。

$$\ln Cost = C + \alpha \ln Revenue + \varepsilon \qquad (2-5)$$

其中，Cost 表示生活成本，可以用房租等指标来替代；Revenue 表示劳动

[①] 即考虑到综合生活成本、交通拥挤等各方面后的实际收入水平。

者收入，可以用工资等指标替代；α为本章关注的估计系数，如果该系数符号为正，即劳动者收入水平与城市的生活成本正相关，则表示在一定程度上满足空间均衡定理。

二、城市规模衡量

从现有文献来看，衡量城市规模数据大致可以分为两类：人口统计数据和人口替代性指标。使用人口统计数据来测度中国城市规模的指标又大致可以分为两类：一类是使用非农人口，如安德森和葛（Anderson and Ge，2005）、高鸿鹰和武康平（2007）等的研究；另一类是使用城市常住人口，如梁琦等（2013）、唐为（2016）等的研究。而人口替代性指标主要是以利用全球夜间灯光数据为主，如吴健生等（2014）、李松林和刘修岩（2017）等的研究。

尽管上述数据并不能完美测度中国城市实际规模，如使用非农等户籍人口数据会存在较大偏误（王垚，2015），常住人口数据可能会高估城镇化率不高地区的城市规模（梁琦等，2013），夜间灯光也只是对城市规模的一种近似估计（魏守华等，2018）。但相对来说，使用全国人口普查的城市市辖区常住人口数来衡量城市规模还是得到国内学者的广泛认可。基于以上所述，本章使用1990年、2000年、2010年全国人口普查的城市市辖区常住人口数据来衡量城市规模。同时，为避免因行政区划调整造成的城市人口统计数据的不一致，本章借鉴年猛和王垚（2016）的研究，以《中华人民共和国行政区划手册》（1990～2010年）为基本参照，按照2010年行政区划标准对各级城市人口数据进行调整，从而得到可以纵向比较的数据。本章共选取646个县级以上的城市[①]进行分析，需要说明的是，城镇常住人口自2000年人口普查才开始采用（余吉祥等，2013），因此，本章以城镇户籍人口统计指标作为1990年的城市规模替代，并且更多依据2000年和2010年的数据进行分析，1990年的数据则作为参照。

第三节　中国城市规模分布体系合理性检验

本部分根据第二节介绍的城市规模分布体系合理性检验方法，根据

---

① 本书选取的城市总体样本数与魏守华等（2018）的相等，与唐为（2016）的649个样本数略有差异，但并不影响实证结论。

式（2-2）~式（2-5）检验 1990~2010 年中国城市规模分布是否符合齐普夫定律、吉布拉定律和空间均衡定理。

一、齐普夫定律检验

对全部样本进行估计，检验中国城市总体规模分布是否符合齐普夫定律，结果如图 2-1 所示。根据式（2-2）估计的 2000 年帕累托指数为 1.057，2010 年则略微下降至 1.051；而根据经过调整后的式（2-3）进行估计的帕累托指数则略微增加，2000 年和 2010 年分别为 1.072 和 1.066。

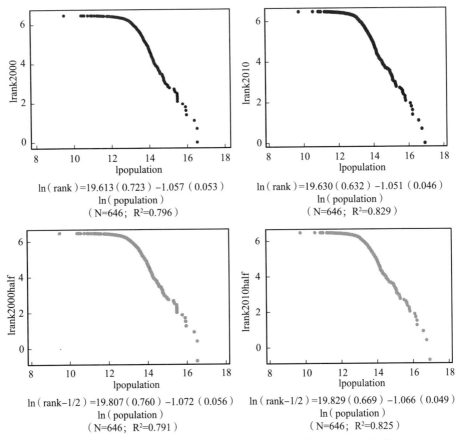

ln（rank）=19.613（0.723）−1.057（0.053）ln（population）
（N=646；R²=0.796）

ln（rank）=19.630（0.632）−1.051（0.046）ln（population）
（N=646；R²=0.829）

ln（rank−1/2）=19.807（0.760）−1.072（0.056）ln（population）
（N=646；R²=0.791）

ln（rank−1/2）=19.829（0.669）−1.066（0.049）ln（population）
（N=646；R²=0.825）

图 2-1   齐普夫定律检验：城市规模与城市位序（2000~2010 年）

注：括号内为标准差，rank 表示城市位序，population 表示城市规模。

从上述回归结果可以得出以下结论：第一，无论是采取式（2-2）还是调整后的式（2-3），对 2000 年和 2010 年 646 个县级以上城市样本估计出的帕累托指数都略大于 1，但已经非常接近 1，表明总体上中国城市规模分布体系还是处于扁平化的空间布局状态；第二，与 2000 年相比，2010 年估计出的帕累托指数呈下降趋势，表明 2000~2010 年中国城市规模分布总体呈集中化趋势。

根据本章第一部分所述，齐普夫定律的检验会显著受到门槛城市规模的影响。例如，本章样本选择与魏守华等（2018）和唐为（2016）的研究较为接近，因此估计出的帕累托指数也比较接近，但与 J. P. 肖万等（J P Chauvin et al.，2017）选择 326 个城市估计出的结果就具有显著差异。考虑到截点城市选择对估计结果的影响，本章对全部样本进行连续回归以得到城市截点数与帕累托指数的关系。结果如图 2-2 所示。总体来看，随着城市截点数量的增加，帕累托指数呈递减趋势，随着样本数量的不断增加，帕累托指数越接近 1，中国城市规模分布就越符合齐普夫定律。同时，从时间序列来看，1990~2010 年城市截点数与帕累托指数关系曲线整体下移，表明中国城市规模分布呈集中化趋势，印证前述分析结论。

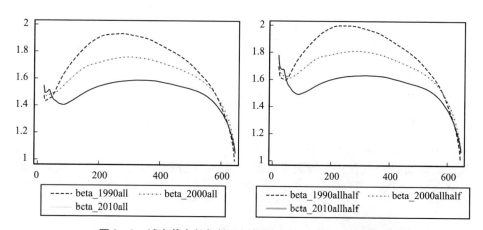

图 2-2　城市截点数与帕累托指数分布（1990~2010 年）

注：左图采取式（2-2）进行回归；右图采取式（2-3）进行回归；初始截点数为 Rank≤20；图中横轴表示城市截点数量，纵轴表示帕累托指数。

魏守华等（2018）认为，齐普夫定律的运用要综合考虑城市截点数量、帕累托指数与 R^2 三者之间的关系，并指出 R^2 最大时齐普夫定律的适用性最高。图 2-3 刻画了 2010 年城市截点数、帕累托指数和 R^2 三者之间的关系。

从图中可以发现，当城市截点数 N∈［30，603］ 区间时，R^2 均在 0.95 以上，已经处于高拟合优度区间并且趋势也较为平缓，此外，从现有文献来看，以 R^2 最大值作为最优城市规模门槛选择标准也并未得到广泛应用。

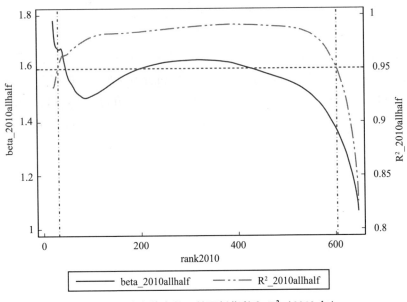

图 2 - 3　城市截点数、帕累托指数和 R^2（2010 年）

注：采取式（2 - 3）进行回归；初始截点数为 Rank ≤ 20。

　　综合以上分析，尽管齐普夫定律的适用性受到诸多限制，但根据本章实证结论和其他学者的研究成果，仍然可以得出以下重要结论：第一，中国城市规模体系总体呈现扁平化状态，这与现有大部分学者研究的结论一致；第二，从时间趋势来看，中国城市规模体系扁平化的状态逐年减弱，呈集中化的趋势[①]。

二、吉布拉定律检验

　　根据式（2 -4），分别对 1990 ~ 2010 年的县级市、地级以上城市以及县级

――――――――――

　　① 中国城市规模体系呈集中化的趋势印证了唐为（2016）等学者的研究结论，但与李松林和刘修岩（2017）使用夜间灯光数据进行研究的结论则完全相反，这可能是数据和样本选择差别造成的结果。

以上城市进行分类均值回归，如果估计出的初始人口规模系数显著为 0，则表明吉布拉定律成立。根据回归结果（见表 2 - 1）可以发现：1990～2010 年、1990～2000 年无论是县级市、地级市还是全部样本的基期人口规模系数都显著为负，明显违背了吉布拉定律；而在 2000～2010 年，对地级以上城市样本的分析似乎是一个例外，但县级市样本的分析仍然违背了吉布拉定律。肖万等（2017）对 1980～2010 年中国 172 个城市的吉布拉定律检验也印证了本章的结论，即除了 2000～2010 年似乎是个例外，其余时期中国城市规模增长并不符合吉布拉定律。而魏守华等（2018）的研究表明，2000～2010 年除副省级、省会城市、直辖市以及 100 万人以上城市因为样本少而不显著以外，地级城市和县级市样本都明显违背了吉布拉定律。

表 2 - 1　　　　　　吉布拉定律检验：城市人口增长率与初始人口规模

变量	被解释变量：城市规模增长率								
	1990～2000 年			2000～2010 年			1990～2010 年		
	以 1990 年为基准			以 2000 年为基准			以 1990 年为基准		
	(1)	(2)	(3)	(4)	(5)	(6)	(7)	(8)	(9)
Ln 基期	-0.175^{*} (0.089)	-0.09^{***} (0.023)	-0.306^{**} (0.154)	0.005 (0.011)	-0.002 (0.018)	-0.058^{***} (0.013)	-0.213^{**} (0.092)	-0.145^{***} (0.045)	-0.405^{***} (0.153)
C	2.514^{**} (1.203)	1.48^{5***} (0.316)	4.131^{**} (2.043)	0.051 (0.153)	0.227 (0.248)	0.813^{***} (0.172)	3.188^{**} (1.236)	2.514^{***} (0.610)	5.497^{***} (2.024)
N	644	284	360	646	284	362	644	284	360
R^2	0.049	0.018	0.11	0.00	0.00	0.07	0.047	0.019	0.17

注：括号内的数字是估计系数稳健的标准误（Robust standard errors in parentheses）；显著水平 * p < 0.1，** p < 0.05，*** p < 0.01。回归结果（1）、（4）、（7）使用全部县级以上城市样本，回归结果（2）、（5）、（8）使用地级以上城市样本，回归结果（3）、（6）、（9）使用县级市样本。

综合以上分析，本书认为中国城市增长并不符合吉布拉定律。原因至少包括以下两个方面：一方面是考察期间中国的城镇化还处于快速发展的进程，城市规模变化较快，而格莱泽等（2014）对美国历史上城镇化进程较快时期的研究也表明，当城市规模体系变动较大时，吉布拉定律往往难以成立；另一方面则是这一时期政府对城市发展的干预，例如实施"严格控制大城市、合理发展中小城市"发展战略的同时，对人口流动限制和户籍管制的逐步放松，都对市场机制下城市规模体系的演变产生了一定程度的干扰。由于吉布拉定律的成立往往是齐普夫定律成立的前提条件，而中国当前城市规模体系不满足吉布拉定律也证实了齐普夫定律不成立的原因。

三、空间均衡定理检验

根据式（2-5），本章使用国家卫生健康委员会发布的2010年"中国流动人口动态监测调查数据"（China Migrants Dynamic Survey，CMDS）、中国社会科学院社会学研究所发布的2010年"中国社会状况综合调查"（Chinese Social Survey，CSS）以及国家统计局公布的2006~2010年全国30个主要城市数据，分别从微观个体和宏观城市层面考察城市居民收入与住房成本之间的关系，从而检验空间均衡定理。

根据表2-2可以发现，估计结果（10）至估计结果（13）表明城市居民的家庭总收入、个人总收入水平以及工资性收入与其房租支出水平都呈正相关关系，但相关程度较弱，居民各类收入每增长1个百分点，房租均增加不到1个

表2-2　　　　　　　空间均衡定理检验：城市居民收入与住房成本

变量	Ln 房租（2010 年）				Ln 房价（2006~2010 年）	
	（10）	（11）	（12）	（13）	（14）	（15）
Ln 家庭总收入	0.601 *** （0.005）					
Ln 个人总收入			0.299 *** （0.035）			
Ln 工资性收入		0.367 *** （0.010）		0.452 *** （0.061）	1.407 *** （0.066）	1.025 *** （0.058）
C	1.967 *** （0.058）	4.350 *** （0.099）	5.160 *** （0.340）	3.733 *** （0.601）	-6.101 *** （0.680）	-2.148 *** （0.597）
N	87792	36444	904	433	172	172
R^2	0.155	0.046	0.072	0.118	0.693	0.798

注：括号内的数字是估计系数稳健的标准误（Robust standard errors in parentheses）；显著水平 * p < 0.1，** p < 0.05，*** p < 0.01；估计结果（10）和估计结果（11）使用的是2010年CMDS数据，估计结果（12）和估计结果（13）使用的是2010年CSS数据，估计结果（14）和估计结果（15）使用的是来自国家统计局网站提供的30个主要大中城市的数据（剔除拉萨），其中估计结果（14）采用pool data进行回归，估计结果（15）采用panel data进行回归。

百分点；而估计结果（14）和估计结果（15）则表明城市居民工资水平与房价关联程度较高，城市职工工资每增长 1 个百分点，房价涨幅则会超过工资涨幅。根据肖万等（2017）学者对中国与美国的估计比较，平均来看美国城市居民平均工资水平上涨 1 个百分点，房租会增加超过 1 个百分点，与中国居民工资水平与房价的关系类似，而其对中国居民工资水平与房租价格关系估计的结果与本章估计结果类似。因此，总体来看中国城市居民收入与住房成本正相关，在一定程度上满足空间均衡定理，但居民收入水平与房租相关程度较弱而与房价水平关联程度较高则可能是因为中国居民对拥有房子的偏好强于租房需求。此外，肖万等（2017）学者还认为，中国居民收入水平与房租相关程度弱于美国可能还源于中国对劳动力流动存在制度性限制的影响，例如户籍制度会阻碍劳动力自由流动等。

第四节　户籍制度与中国城市规模体系特征

本章利用 1990 ~ 2010 年全国人口普查数据，使用齐普夫定律、吉布拉定律和空间均衡定理检验中国城市规模分布是否合理及其演变特征。结果显示：总体上中国县级及以上城市规模分布不符合齐普夫定律和吉布拉定律，空间均衡定理满足条件也相对较弱；根据齐普夫定律，中国城市规模分布呈扁平化状态，但从时间趋势来看，中国城市规模分布趋于集中化，也逐渐趋于合理。

根据第一章对中国户籍制度政策演变历程以及改革特征的分析，总体上看，户籍制度对中国城市规模体系的影响主要体现在以下两个方面。

第一，阻碍城镇化进程，导致中国城市规模体系不稳定。从 1958 年户籍制度正式确立实施至改革开放前夕，中国的城镇化率从 16.25% 增加至 17.92%，20 年仅增长 1.67 个百分点[①]。可以说，这期间中国城镇化进程基本处于停滞阶段，远落后于其他发达国家或发展中国家。尽管改革开放以后，中国不断推进户籍制度改革、放开人口流动限制，中国也开启了快速的城镇化进程，但由于历史欠账较多且户籍制度改革并不彻底，至 2021 年城镇化率才达到 64.72%，与目前发达国家至少 80% 以上的城镇化率相比，差距依然较大[②]。因此，在今后较长一段时期内农村人口向城市迁移的现象仍会继续存在，即城

①② 数据来源于国家统计局官方网站 http：//www.stats.gov.cn/tjsj。

镇化进程还会继续推进，这就会导致中国各城市之间的相对规模会处于不断变化的状态，造成城市规模体系不稳定。

第二，严格控制大城市人口规模，造成中国城市规模体系不合理。根据本书第一章对户籍政策的梳理，可以发现，长期以来，户籍制度起到了控制大城市规模的作用，在一定程度上使大城市发展规模不充分。

第三章　户籍制度改革、劳动者迁移与中国城市规模体系

在自由迁移条件下，劳动者往往基于就业、收入、居住条件以及子女教育等地区基本公共福利水平综合决定迁移的地点。但是自户籍制度制定和实施以来，中国劳动者迁徙就开始受到严格的限制。尽管改革开放以来，针对户籍制度进行了多轮改革，逐步放松了农村居民向城市迁移的限制，加快了城镇化进程，但依然存在改革不彻底且城市之间差异较大等问题，户籍仍然影响着劳动者的迁移决策。本章从户籍制度对劳动者迁移的影响着手，从劳动者个体层面探讨户籍制度影响城市规模体系的微观机制。

第一节　户籍制度放松与居民城镇化迁移

在中国，由于户籍制度与居民的就业、教育、医疗、社会保障及福利等权益挂钩，从而对劳动者的迁移形成制度上的约束。从微观个体角度来说，户籍制度阻碍了劳动者在城乡区域之间的自由迁移。以劳动者乡—城迁移即城镇化进程为例，根据图 3-1，从城镇化率来看，1949 年至今，中国的城镇化进程大致可以分为以下四个阶段。

第一阶段为新中国成立至 1960 年左右，这一时期大致对应着户籍制度的形成和建立阶段，居民迁移尤其是由农村向城市迁移的自由逐步受到限制，并且由于政策体系并不完善，户籍政策在实际执行过程中也并不十分严格。1949~1960 年，中国的城镇化率从 10.64% 增加至 19.75%，增加了 9.11 个百分点（见图 3-1）。因此，总体来看，这一时期中国的城镇化处于初步增长阶段，属于战后经济社会发展全面恢复带来的城镇化。

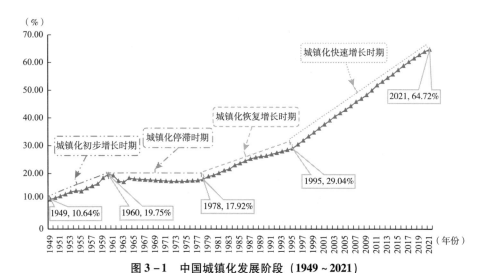

图 3 - 1　中国城镇化发展阶段（1949～2021）

注：数据来源于国家统计局官方网站 http：//www. stats. gov. cn/tjsj；1981 年及以前人口数据为户籍
统计数；1982 年、1990 年、2000 年、2010 年、2020 年数据为当年人口普查数据推算数；其余年份数
据为年度人口抽样调查推算数据。

第二阶段大致从 1960 年至 1978 年改革开放前夕，这一时期是户籍政策严
格执行时期，城乡人口流动几乎停滞。数据显示，1960～1978 年，中国的城
镇化率由 19.75% 降至 17.92%，下降了 1.83 个百分点，城镇化进程停滞近 20
年（见图 3 - 1）。总体来看，这一时期是户籍制度严格执行时期，由此导致城
乡二元分割制度的形成和城镇化进程的停滞，对中国宏观经济造成较大冲击，
在一定程度上推动了改革开放战略的提出和实施。

第三阶段从 1979 年至 1995 年，这一时期伴随着市场化的改革方向，以
放宽小城镇落户条件为基本方向的户籍制度开始松动。由于这一阶段户籍制
度改革也遵循渐进式的国家宏观改革大方向，并未完全取消对城乡人口流动
的限制，除此之外，与大中城市相比，小城镇对外来人口的吸引力也相对较
弱。因此，这一时期中国的城镇化基本处于恢复增长阶段，增速较为平缓，
与 1978 年相比，1995 年城镇化率为 29.04%，仅增加了 11.12 个百分点（见
图 3 -1）。

第四阶段为 1996 年至今，从图 3 -1 可以明显发现，与前面几个阶段相比
这一时期中国城镇化率走势显著处于快速上升阶段。为适应经济社会发展需
要，这一阶段加快了户籍制度的改革进程，基本上放开了对劳动者跨区就业的
限制。随着户籍制度改革的不断深化，城乡人口迁移速度与规模都呈快速增长

态势。与 1995 年相比，至 2021 年中国的城镇化率达到 64.72%，增加了 35.68 个百分点。

总体来看，户籍制度对中国的城镇化进程产生重要影响。在户籍政策严格执行时期，城乡人口流动严格管控，城镇化也基本停滞不前。而随着户籍政策的逐步放松，农村大量剩余劳动力开始涌入城市，中国的城镇化潜力开始得到释放。

户籍制度改革放松了对劳动力迁移的限制，促进了城乡之间、城城之间的人口流动，一方面加快了城镇化进程，推动城市个体层面的人口聚集和规模经济的形成，避免城市个体层面出现规模不足的现象，另一方面促进了城市之间人口分布的协调性，加强了城市之间的竞争，推动城市规模体系更加合理。为进一步从劳动者层面分析户籍制度影响城市规模体系的微观机制，本章利用中国家庭追踪调查（China Family Panel Studies，CFPS）等微观数据库，首先分析经过多轮户籍制度改革后，户籍制度是否还对劳动者的迁移倾向产生影响，其次从劳动者收入及社会地位两个层面分析户籍制度改革的成效，最后总结出户籍制度改革推动城市规模体系优化的微观机制。

第二节　户籍制度还起作用吗

从国内外学者的研究来看，尽管有一些学者认为户籍制度对发达地区具有人才沙漏（杜小敏和陈建宝，2010）等积极作用，但大多数研究认为户籍制度带来的影响多为负面。户籍制度在劳动力市场上形成身份歧视（章元和王昊，2011），非本地户籍劳动者的工资及医疗保障水平被压低（邓曲恒，2007；Gao et al.，2012），阻碍农民进城，使城市规模分布偏离帕累托最优水平（梁琦、陈强远、王如玉，2013）。

然而在改革开放 40 多年之后，随着户籍制度改革的不断深化，劳动力在城乡区域之间流动愈发自由，户籍还起不起作用以及起着多大程度的作用成为学者们新的研究点，尤其是各省份出台全部取消农业户口的改革方案以及大城市放开或取消落户限制之后。基于此，本部分利用 2010 年和 2016 年 CFPS 数据，使用基于递归分区算法的回归树模型，从劳动者收入水平和社会地位两个层面分析户籍制度是否还产生作用。

一、数据来源与描述

(一) 数据来源

本章使用数据来源于 CFPS。CFPS 通过跟踪调查覆盖全国 25 个省 (直辖市或自治区) 的 16000 户样本家庭全部成员, 采用社区、家庭、成人和少儿四种主体类型问卷收集社区、家庭和个人三个层面的经济活动、人口迁移、教育以及健康等经济和非经济数据全面反映中国经济和社会的变迁[①]。基于本部分研究需要和 CFPS 历年数据的特点, 以成人问卷为基础, 选取 16~65 岁被雇佣的劳动者为分析样本。

(二) 主要变量说明

分别选取主观和客观两种类型的指标实证分析户籍制度对人们收入水平及社会地位的影响, 以全面反映户籍制度的影响并确保实证结果的可靠性和稳健性。

1. 主观变量

包括主观收入水平和主观社会地位。根据 CFPS 问卷设计, 受访者对自身情况进行主观打分, 分为 1~5 分 5 个档次, "1" 分最低, "5" 分最高。因此, 主观法测量的收入水平和社会地位为取值 1~5 的离散变量。

2. 客观变量

包括实际收入水平和国际标准职业社会经济指数 (ISEI)。其中, 实际收入水平以劳动者工作总收入表示。根据 CFPS 数据库, 工作总收入是扣除税和五险一金的所有工资、奖金、现金福利和实物补贴。而 ISEI 指数是由 H. B. 甘泽布姆等 (H B Ganzeboom et al., 1992) 通过对 O. D. 邓肯 (O D Duncan, 1961) 的社会经济地位指数 (SEI) 进行改进, 基于职业的平均教育和收入水平并赋予相应的权重计算而得。ISEI 指数综合了多种经济社会因素, 衡量了人们的综合社会地位, 是一种客观指标 (李强, 2005), 被国内外众多学者运用于社会地位获得等领域的研究 (李春玲, 2005)。本部分使用的 ISEI 指数是由 CFPS 将中国标准职业分类代码 (CSCO) 转换成国际标准职业分类代码 (ISCO‐88), 并根据 ISCO‐88 进行构建, 最终得到取值为 19‐90 的连续型变量。

---

① CFPS 数据的详细介绍参见 http: //opendata. pku. edu. cn/dataverse/CFPS。

（1）实际收入水平与户籍差别。

根据劳动者工作总收入我们绘制了 2010 年和 2016 年不同户籍劳动者实际收入水平情况。根据图 3 - 2 可以发现：与 2010 年相比，无论是城市、农村、本地与外地户籍人群，2016 年处于较低层级的收入水平有所上移；从收入水平差异来看，城乡差异要大于本地与外地差异；从图形形状来看，以实际收入水平所反映的社会结构逐渐由不稳定的"金字塔"社会结构向接近"纺锤型"社会结构转变，但是这个"纺锤型"区域集中于收入水平在 0 ~ 10 万元区间，而在 12 万元以上的区间则群体较少，大于 20 万元以上群体所占比重有增加趋势，显示出中国高收入群体与一般收入水平群体之间的差距有扩大趋势，尽管中国劳动者收入水平结构接近"纺锤型"，但年工作总收入在 10 万 ~ 20 万元的群体较少，离发达国家中产阶级占据大多数的稳定社会结构尚有不小差距。

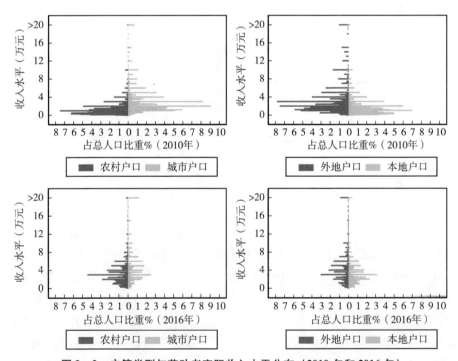

图 3 - 2　户籍类型与劳动者实际收入水平分布（2010 年和 2016 年）

资料来源：中国家庭追踪调查（CFPS）。

（2）社会地位与户籍差别。

根据 CFPS 构建的 ISEI 指数反映出的中国基本社会结构（见图 3 - 3）与

以劳动者实际收入水平反映的社会结构具有显著不同（见图 3 - 1）。与李强（2005）的研究结果大致相同，以 ISEI 指数反映的中国基本社会结构呈"倒丁字型"[①]，这种社会结构不仅不如以中产阶级为主体的"橄榄型"或"纺锤型"社会结构稳定，甚至比"金字塔型"社会结构还要差。从时间序列来看，2010 年有大约 49% 的人处于分值非常低的位置，至 2016 年处于分值较低的群体缩小至 43% 左右，表明中国的社会结构正逐渐好转。

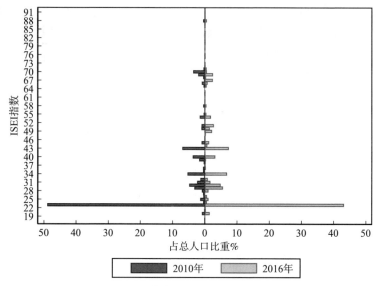

图 3 - 3　ISEI 指数分布（2010 年和 2016 年）

资料来源：中国家庭追踪调查（CFPS）。

进一步，我们依据户籍差别观察不同户籍群体的社会结构特征。根据图 3 - 4 可以发现：农村户口群体呈现出明显的"倒丁字型"社会结构，但与 2010 年相比，2016 年处于分值较低的农村户口群体所占比重呈现出缩小的趋势；与农村户口群体相比，城市户口群体社会结构呈现出社会学家较为推崇的"橄榄型"或"纺锤型"，但值得警惕的是，与 2010 年相比，处于分值较低的城市户口群体在 2016 年所占比重有所增加，社会结构有由"橄榄型"或"纺锤型"逐渐向"金字塔型"转变的迹象，而这种转变显然不利于稳定社会结构的构建。

---

① "丁字型"社会结构最先由李强（2005）提出，是指底层群体占多数，而其他群体分布较为均匀的一种社会结构。

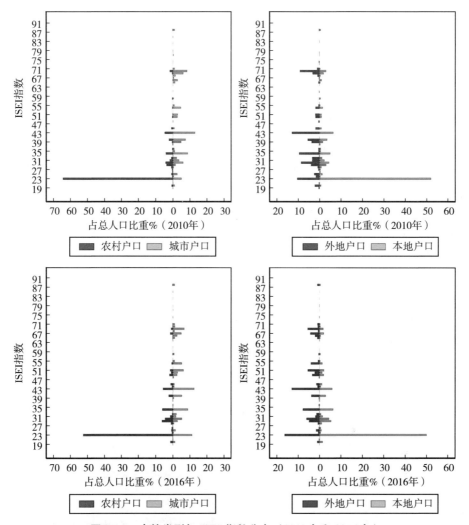

图 3 – 4 户籍类型与 ISEI 指数分布 (2010 年和 2016 年)

资料来源：中国家庭追踪调查（CFPS）。

　　而从本地户口与外地户口的差别来看，与 2010 年相比，2016 年 ISEI 指数较低的外地户口人群呈小幅增加而城市户口人群则小幅缩小；从分布形状来看，外地户口人群的社会结构呈现相对稳定的"纺锤型"结构，但有向"金字塔型"演变的趋势，而本地户口人群则呈现不稳定的"倒丁字型"社会结构，这可能主要来自农村户口人群的"贡献"。

　　通过上述分析可以初步得出以下主要结论：中国社会结构虽然总体处于相对不稳定的结构形态，但趋势趋于缓和；无论是从城乡户籍差异还是本地与外地户籍差异角度看，户籍制度差异对 ISEI 指数分布差异的影响要显著大于对劳动者实际收入水平的影响，由于 ISEI 指数综合反映了劳动者的社会地位，表明户籍制度对劳动者收入歧视趋于减弱而对社会地位等身份歧视依然影响较大。

（三）其他变量说明

个体因素的代理变量用性别（男性取值为 1，女性为 0）、年龄、身高、体重、健康指数（BMI①）、民族（少数民族取值为 1，汉族为 0）、健康程度（为 1～5 离散变量，1 表示非常不健康，5 表示非常健康）表示，根据其他学者的研究，本书引入了年龄、身高、体重、BMI 变量的平方项。社会因素包括受教育年限和政治面貌（党员取值为 1，其他为 0）。本部分使用变量具体统计描述见表 3－1。

表 3－1　　　　　　　　　　　　数据描述

分类	变量	年份	Obs	均值	方差	最小值	最大值
实际收入	税后年收入（元）	2010	15636	14696.2	24620.3	0	800000
		2016	12768	29260.9	99281.4	0	1806000
主观感受	主观收入水平	2010	15455	2.402	0.921	1	5
		2016	20994	2.486	0.968	1	5
	生活满意度	2010	15617	3.450	1.010	1	5
		2016	21091	3.541	1.079	1	5
	主观社会地位	2010	15550	2.804	0.918	1	5
		2016	21056	2.780	1.041	1	5
户口状况	城市与乡村	2010	15636	0.264	0.441	0	1
		2016	21098	0.223	0.416	0	1
	本地与外地	2010	15546	0.925	0.263	0	1
		2016	18962	0.833	0.373	0	1
职业与社会地位	ISCO－88※	2010	15157	5755.68	1745.14	1100	9322
		2016	20556	5718.36	2021	1100	9322
	ISEI（国际标准职业社会经济指数）	2010	15157	33.027	14.683	19	90
		2016	20556	33.933	14.500	19	88

①　BMI 的理想指数是 18.5～23.9。

续表

分类	变量	年份	Obs	均值	方差	最小值	最大值
个体特征	性别*	2010	15636	0.549	0.498	0	1
		2016	21098	0.548	0.498	0	1
	年龄	2010	15636	41.682	11.480	16	65
		2016	21098	42.468	12.299	16	65
	身高（米）	2010	15317	1.648	0.078	1.16	1.97
		2016	18572	1.650	0.081	1	2.02
	体重（公斤）	2010	15484	61.328	11.010	20	115
		2016	21047	62.856	11.443	25	123
	BMI	2010	15248	22.535	3.194	8.218	44.590
		2016	18532	23.070	3.507	8.892	55.737
	少数民族*	2010	15611	0.091	0.287	0	1
		2016	20405	0.094	0.291	0	1
	健康状况	2010	15635	4.310	0.906	1	5
		2016	21096	3.094	1.187	1	5
社会因素	受教育年限	2010	15634	7.007	4.973	0	22
		2016	18612	8.168	4.668	0	22
	党员*	2010	15633	0.082	0.274	0	1
		2016	21091	0.084	0.277	0	1
地理位置	直辖市*	2010	15636	0.022	0.147	0	1
		2016	21098	0.022	0.148	0	1
	市辖区*	2010	15636	0.441	0.496	0	1
		2016	21098	0.460	0.498	0	1
	东部地区*	2010	15636	0.483	0.500	0	1
		2016	21098	0.446	0.497	0	1
	中部地区*	2010	15636	0.225	0.418	0	1
		2016	21098	0.240	0.427	0	1
	西部地区*	2010	15636	0.292	0.455	0	1
		2016	21098	0.315	0.464	0	1

注：（1）"＊"表示虚拟变量；（2）"※"表示 ISCO - 88 的数值，为工作类型代码。

二、基于递归分类算法的非参数模型构建

作为一种集成方法，回归树一般以信息增益最大化为标准，将原始数据集分割为不同的分支以达到实现分层学习的目的，可以对比较复杂以及非线性的数据进行建模，被广泛应用于医学统计、经济行为分析、社会学研究等领域。自大规模应用以来，回归树方法就不断被学者们改进和扩展。基于本部分研究需要，采用 A. 泽雷斯等（A Zeileis, 2008）提出的递归分类算法（recursive partitioning algorithm）。与之前的算法不同，该方法将参数模型运用到回归树分析中，将递归分类嵌入统计模型估计和变量选择中。在该方法框架内，通过计算回归树来拟合分段回归的参数模型，其中每个分支都与一个拟合模型相关联。

递归分类算法的基本思想是将分叉点与回归模型相关联，通过执行参数不稳定性检验（parameter instability test）评估数据是否需要进行分类。对数值型分类变量（numerical partitioning variable）的回归系数稳定性使用 D. W. 安德鲁斯（D W Andrews, 1993）的 supLM 检验，具体如下。

$$supLM = \sup_{i=i,\cdots,\bar{i}} \left\{ \frac{i}{n}\left(1 - \frac{i}{n}\right) \right\} \left\| \hat{V}^{-1/2} n^{-1/2} \sum_{l:z_l \leqslant z_{(i)}} x_l \cdot \hat{\varepsilon}_l \right\|_2^2$$

其中，z_i 表示递增排序之后，分类变量的观测值 i；$\hat{\varepsilon}$ 表示基于参数估计子回归的残差向量；$\hat{V} = n^{-1} \sum_{i=1}^{n} \hat{\varepsilon}_i^2 x_i \cdot x_i^T$，表示 OPG（outer-product-of-gradient）协方差估计，用于标准化加总的得分向量（score vectors）$x_i \cdot \hat{\varepsilon}_i$。

对类别型分类变量（categorical partitioning variable）的统计量检验量如下。

$$\chi^2 = \sum_{c=1,\cdots,C} \left\| \hat{V}^{-1/2} n_c^{-1/2} \sum_{i:z_i=c} x_i \cdot \hat{\varepsilon}_i \right\|_2^2$$

其中，c 表示分类变量 z 的类别，n_c 表示观测值在类别 c 中的数量。

以上两种检验的渐进 p 值都可以通过相应的极限分布计算，即 supLM 检验的带约束贝塞尔过程（tied-down Bessel process）的上确界（Hansen, 1997）以及 $5 \times (C-1)$ 个自由度的 χ^2 检验。详细的过程及公式推导以及参数的稳定性检验可参考赫约特和科宁（Hjort and Koning, 2002）和 A. 泽雷斯（2005）的研究。

操作过程如下。第一，通过 OLS 估计回归方程中的参数，使模型一次性匹配当前节点中的所有观测值；第二，检验参数估计相对于每个分类变量是否稳定，如果存在整体不稳定性，选择与最不稳定性参数相关联的分类变量，否则停止检测；第三，计算局部优化 OLS 目标函数的分裂点，用于固定的或自

适应选择分支；第四，将节点拆分为子节点，然后重复该过程[①]；第五，当没有检测到显著的不稳定（本部分采用1%）或子样本数量太小（少于规定样本数量[②]）时，递归分类过程结束。

为利用回归树寻找社会分层的主要因素，分别以劳动者实际收入水平和ISEI指数作为区分社会群体的因变量。

（一）基于实际收入的递归分类法模型设定

借鉴巴罗和萨拉 – 伊 – 马丁（Barro and Sala-i-Martin，1990）的经济增长模型思路构建个人收入增长回归模型，如式（3 – 1）所示。

$$\ln\left(\frac{income_{it}}{income_{i0}}\right) = \beta_0 + \beta_1 \ln(income_{i0}) + \beta_2 individual_{i0} + \beta_3 C_{i0} + \varepsilon_i \quad (3-1)$$

其中，income 表示劳动者的实际收入水平；i 表示个体；0 和 t 表示基期 2010 年和观察期 2016 年；individual 指个体因素，包括性别、年龄、身高、体重、健康指数（BMI）、民族及其自评健康程度等；C 为可能影响劳动者收入分层的分类变量（partitioning variable），包括是否为城市户口（城市户口取值为1，农村户口取值为0）、是否为本地户口（本地户口取值为1，非本地户口取值为0）、受教育程度、ISEI 指数、是否为党员以及地理因素等。

（二）基于 ISEI 指数的递归分类法模型设定

借鉴阳义南和连玉君（2015）等学者设计的影响劳动者社会地位的计量模型思路，构建式（3 – 2）。

$$ISEI_{iT} = \beta_0 + \beta_1 \ln(income_{iT}) + \beta_2 individual_{iT} + \beta_3 education_{iT} + \beta_3 C_{It}^* + \varepsilon_{iT}$$

$$(3-2)$$

其中，income、individual 和 education 分别表示劳动者收入、个体特征和受教育程度；C^* 为可能影响劳动者社会地位的分类变量，包括户籍因素（是否城市和是否本地）、是否党员和地理因素等。

三、实证结果分析

（一）户籍制度与劳动者收入分层

根据式（3 – 1）采用基于递归分类算法的回归树模型，得到树形结果

---

① 详细过程请参见泽雷斯等（2008）的文章。

② 为了防止模型被过度拟合，本书对于收入增长率和 ISEI 模型的最小分支样本数量分别为 500 个和 1000 个。

示意图（见图 3 - 5）。根据示意图可以发现，该回归树由城市户口、东部地区和教育程度三个分类变量分割的分叉点及其最终形成的四组终端节点组成。

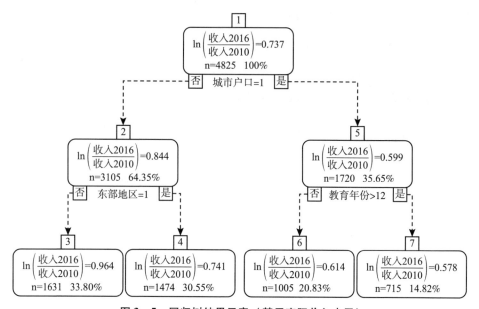

图 3 - 5　回归树结果示意（基于实际收入水平）

　　为验证上述分组结果的稳健性，本书对参数进行稳定性测试（见表 3 - 2）。稳定性检验结果显示：第一层分支节点（图 3 - 5 中的 Node 1）选择了是否是城市户口作为分类变量，检验结果稳定；第二层分支节点分别选择了东部地区（图 3 - 5 中的 Node 2）和受教育年份 >12（图 3 - 5 中的 Node 5）作为分类变量，检验结果稳定；到了第三层后，所有分类变量稳定性检验的 P 值都大于0.001，无法达到继续分割的条件，停止分支。

　　根据以上对图 3 - 5 和表 3 - 2 的分析，可以初步得出以下结论：第一，城乡分割的户籍制度是导致中国劳动者收入分层的第一原因；第二，在城市户籍群体中，教育程度是导致群体进一步分层的主要原因；第三，在农村户籍群体中，是否在东部地区工作是进一步分层的主要原因；第四，最终经过城乡户籍制度、教育程度和是否常住东部地区对样本数据的分割，以劳动者收入为基准的社会结构被分为四组群体（图 3 - 5 中的 Node3、Node4、Node6 和 Node7）。

表 3 - 2　分类变量稳定性检验（收入）

分类变量	Node 1 Perform split		Node 2 Perform split		Node 3 Club 1		Node 4 Club 2		Node 5 Perform split		Node 6 Club 3	
	统计量	P 值	统计量	P 值	统计量	P 值	统计量	P 值	统计量	P 值	统计量	P 值
城市户口※	347.97	2.93E-68	0.00	NA	0.00	NA	0.00	NA	0.00	NA	0.00	NA
本地户口※	137.19	4.64E-21	75.13	2.96E-08	64.91	1.37E-06	54.67	5.32E-05	32.29	0.206	22.29	0.417
受教育年限*	241.35	4.69E-44	62.00	7.73E-06	52.47	1.85E-04	36.16	0.037	48.86	0.001	6.78	1.000
ISEI*	292.30	1.43E-55	112.88	1.06E-15	56.03	4.70E-05	68.18	2.56E-07	37.95	0.039	22.33	0.414
共产党员※	87.08	1.31E-10	58.23	3.61E-05	52.96	1.54E-04	74.61	1.81E-08	24.20	0.872	17.71	0.843
城区※	212.27	1.53E-37	57.72	4.43E-05	57.01	3.21E-05	35.34	0.047	18.98	0.999	10.60	1.000
直辖市※	117.82	6.14E-17	76.75	1.46E-08	62.80	3.23E-06	63.36	1.78E-06	30.38	0.331	18.26	0.800
东部※	154.90	6.90E-25	132.03	1.22E-19	0.00	NA	0.00	NA	28.34	0.508	11.31	1.000
中部※	139.21	1.71E-21	99.63	5.01E-13	24.34	0.809	0.00	NA	39.09	0.027	27.05	0.123
西部※	137.29	4.43E-21	79.74	3.95E-09	65.15	0.000	0.00	NA	35.96	0.072	21.03	0.535

注：（1）对于二值变量（※）使用基于比值（score-based）χ^2 检验，对于数值变量（*）使用极大似然法（sup-LM）进行检验。（2）受数值长度限制，部分分选择的参数检验显著性水平 P 值 <0.001，个体小于 1000 停止分支。（3）本部分使用科学计数法。

（二）户籍制度与劳动者社会地位分层

根据式（3-2），得到基于 ISEI 指数的树形结果示意图（见图3-6）。根据示意图，该回归树由城市户口、ISEI 指数两个分类变量分割的分叉点及其最终形成的三组终端节点组成。

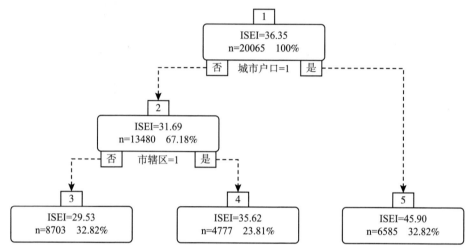

图 3-6 回归树结果示意（基于 ISEI 指数）

同样，为验证上述分组结果的稳健性，对参数进行稳定性测试（见表3-3）。稳定性检验结果显示：第一层分支节点（图3-6中的 Node 1）选择了是否是城市户口作为分类变量，检验结果稳定；第二层分支节点选择了是否常住市辖区（图3-6中的 Node 2）作为分类变量，结果是稳定的；到了第三层后，所有分类变量稳定性检验的 P 值都大于 0.001，无法达到继续分割的条件，停止分支。

表3-3   分类变量稳定性检验（职业）

	Node 1		Node 2		Node 3		Node 4		Node 5	
分类变量	Perform split		Perform split		Club 1		Club 2		Perform split	
	统计量	P 值	统计量	P 值	统计量	P 值	统计量	P 值	统计量	P 值
城市户口*	880.25	1.38E-189	0	NA	0	NA	0	NA	0	NA
本地户口*	138.77	6.95E-21	77.74	2.35E-08	54.59	1.68E-04	18.57	0.972	51.70	4.19E-04
共产党员*	792.79	2.52E-169	169.20	1.18E-26	86.78	2.66E-10	43.63	0.003	92.04	2.69E-11

续表

分类变量	Node 1		Node 2		Node 3		Node 4		Node 5	
	Perform split		Perform split		Club 1		Club 2		Perform split	
	统计量	P值	统计量	P值	统计量	P值	统计量	P值	统计量	P值
城区※	382.10	5.75E-75	180.15	6.04E-29	0.00	NA	0.00	NA	43.46	0.008
直辖市※	51.33	0.001	52.99	0.001	50.87	0.001	24.93	0.565	61.54	9.62E-06
东部※	44.31	0.016	74.12	1.09E-07	52.83	3.27E-04	17.17	0.992	57.96	3.90E-05
中部※	75.83	4.80E-08	41.39	0.031	45.21	0.005	18.45	0.974	71.55	1.68E-07
西部※	65.07	4.89E-06	59.27	4.64E-05	50.02	0.001	24.22	0.629	64.85	2.58E-06

注：（1）对于二值变量（※）使用基于比值（score-based）χ^2检验。（2）同受数值长度限制，部分使用科学记数法。（3）本部分选择的参数检验显著性水平P值<0.001，个体小于500停止分支。

综合以上分析，可以初步得出以下结论：无论是从劳动者收入水平还是从社会地位（即ISEI指数）看，城乡分割的户籍制度都是导致中国劳动者收入及社会地位分层的第一原因；除此之外，教育程度、是否常住东部和市辖区也对中国劳动者收入分层和社会地位分层产生了重要影响。

第三节　户籍制度改革成效分析：基于劳动者收入水平及社会地位差异

前述研究表明，城乡社会分割的户籍制度是导致中国劳动者收入及社会地位分层的第一原因，表明经过多轮改革之后，户籍制度仍旧对居民的收入水平和社会地位产生重要影响。本部分在第二部分的基础上，继续利用CFPS数据，从劳动者收入水平和社会地位差异的视角构建计量模型进行实证分析，分析从2014年新型城镇化战略提出以来的此轮户籍制度改革是否取得了显著的成效。

一、计量方程设定

为检验与2010年相比，在推进新一轮户籍制度改革后2016年不同户籍对居民收入水平、社会地位等主观感受的影响是否呈现减弱的趋势，本书采用双重差分方法（difference in differences，DID）。借鉴余向华和陈雪娟（2012）、阳义南和连玉君（2015）等学者设定的计量模型，使用客观法测量居民收入和社会地位的计量模型设定如式（3-3）和式（3-4）所示。

$$\ln(\text{ISEI}_{it}) = \beta_0 + \beta_1 t + \beta_2 \text{hukou}_{it} + \beta_3 t \times \text{hukou}_{it} + \beta_4 \text{individual}_{it}$$
$$+ \beta_5 \text{social}_{it} + \beta_6 \text{local}_{it} + \beta_7 \ln(\text{income}_{i0}) + \varepsilon_{it} \qquad (3-3)$$

$$\ln(\text{income}_{it}) = \beta_0 + \beta_1 t + \beta_2 \text{hukou}_{it} + \beta_3 t \times \text{hukou}_{it} + \beta_4 \text{individual}_{it}$$
$$+ \beta_5 \text{social}_{it} + \beta_6 \text{local}_{it} + \varepsilon_{it} \qquad (3-4)$$

其中，户口表示是否城市以及是否本地等；individual、social 和 local 分别表示个体特征、社会和地理位置等因素；income_{i0} 表示劳动者基期收入水平。

此外，本部分还使用了主观收入水平、生活满意度和主观社会地位三个主观指标分析户籍制度的影响。由于这三个指标都是有序离散变量，可能含不可观测变量（latent variable），因此采用有序响应模型（ordered logit model，Ologit）进行分析。设定如式（3-5）和式（3-6）所示。

$$\text{status}_{it} = F(\beta_0 + \beta_1 t + \beta_2 \text{hukou}_{it} + \beta_3 t \times \text{hukou}_{it} + \beta_4 \text{individual}_{it}$$
$$+ \beta_5 \text{social}_{it} + \beta_6 \text{local}_{it} + \varepsilon_{it}) \qquad (3-5)$$

$$\text{subincome}_{it} = F(\beta_0 + \beta_1 t + \beta_2 \text{hukou}_{it} + \beta_3 t \times \text{hukou}_{it} + \beta_4 \text{individual}_{it}$$
$$+ \beta_5 \text{social}_{it} + \beta_6 \text{local}_{it} + \varepsilon_{it}) \qquad (3-6)$$

其中，status 表示劳动者主观地位；subincome 表示劳动者主观收入水平；其余变量与式（3-3）和式（3-4）相同。

二、实证结果分析

依据本部分设计的计量模型式（3-2）和式（3-3），分别从收入水平和社会地位分析户籍制度及其改革的影响，具体如下。

（一）户籍制度改革对劳动者收入差距的影响

表3-4为户籍制度对劳动者收入影响的回归结果，同时考虑了城市和乡村、本地和外地户口的差别。

户籍制度对劳动者客观收入影响见结果（1）至结果（6）。其中，结果（1）至结果（3）考察城乡户籍差异的影响，结果（4）至结果（6）考察本地与外地户籍差异的影响，此外结果（1）和结果（4）使用所有劳动力样本进行混合回归得出，而结果（2）和结果（3）、结果（5）和结果（6）是通过构建2010年和2016年两期面板数据采用固定效应模型回归得出。结果（1）显示，拥有城市户籍劳动力群体平均收入水平要比农村户籍劳动力高出近1.045

表 3 - 4　　　　　　　　　　户籍制度对劳动者收入的影响

解释变量		被解释变量：ln（客观收入）						被解释变量：主观收入	
		城市 vs 农村			本地 vs 外地			城市 vs 农村	本地 vs 外地
		（1）	（2）	（3）	（4）	（5）	（6）	（7）	（8）
户籍因素	户口	1.045 *** (0.020)	0.229 (0.155)	0.222 (0.155)	- 0.750 *** (0.033)	0.062 (0.068)	0.070 (0.069)	- 0.594 *** (0.083)	0.083 (0.059)
	时间 × 户口	- 0.732 *** (0.028)	- 0.065 (0.040)	- 0.065 (0.040)	0.583 *** (0.041)	0.017 (0.071)	0.019 (0.072)	- 0.033 (0.048)	0.006 (0.070)
生理因素	男性	0.420 *** (0.022)			0.325 *** (0.023)			- 0.048 (0.032)	- 0.056 * (0.032)
	年龄	0.089 *** (0.005)	0.294 *** (0.054)	0.269 *** (0.055)	0.107 *** (0.005)	0.291 *** (0.055)	0.262 *** (0.056)	0.004 (0.007)	0.003 (0.007)
	年龄^2	- 0.001 *** (0.000)	- 0.002 *** (0.000)	- 0.002 *** (0.000)	- 0.001 *** (0.000)	- 0.002 *** (0.000)	- 0.002 *** (0.000)	0.000 (0.000)	0.000 (0.000)
	身高	- 0.509 (4.790)	2.848 (13.701)	4.048 (13.738)	- 4.344 (5.058)	3.527 (13.950)	4.926 (14.010)	9.463 * (5.721)	9.383 (5.787)
	身高^2	- 2.846 *** (1.019)	0.251 (3.670)	- 0.047 (3.680)	- 2.286 ** (1.073)	0.145 (3.716)	- 0.177 (3.726)	- 1.447 (1.216)	- 1.306 (1.232)
	体重	0.266 *** (0.058)	- 0.034 (0.134)	- 0.039 (0.134)	0.334 *** (0.062)	- 0.040 (0.137)	- 0.049 (0.138)	- 0.066 (0.070)	- 0.074 (0.071)
	体重^2	- 0.001 *** (0.000)	- 0.000 (0.000)	0.000 (0.000)	- 0.001 *** (0.000)	0.000 (0.000)	0.000 (0.000)	0.000 (0.000)	0.000 (0.000)
	BMI	- 0.682 *** (0.163)	0.129 (0.366)	0.142 (0.368)	- 0.864 *** (0.173)	0.151 (0.376)	0.172 (0.378)	0.190 (0.186)	0.210 (0.189)
	BMI^2	0.006 *** (0.002)	- 0.000 (0.004)	- 0.000 (0.004)	0.008 *** (0.002)	- 0.001 (0.004)	- 0.001 (0.004)	- 0.001 (0.002)	- 0.001 (0.002)
	少数民族		- 1.744 *** (0.132)	- 1.832 *** (0.157)		- 1.632 *** (0.133)	- 1.773 *** (0.161)	0.026 (0.046)	0.030 (0.047)

续表

解释变量		被解释变量: ln(客观收入)						被解释变量: 主观收入	
		城市 vs 农村			本地 vs 外地			城市 vs 农村	本地 vs 外地
		(1)	(2)	(3)	(4)	(5)	(6)	(7)	(8)
自评健康	一般	0.006 (0.049)	0.041 (0.073)	0.050 (0.074)	0.013 (0.051)	0.046 (0.073)	0.056 (0.074)	0.285*** (0.056)	0.281*** (0.056)
	比较健康	0.240*** (0.045)	0.016 (0.069)	0.024 (0.070)	0.275*** (0.046)	0.024 (0.069)	0.033 (0.069)	0.557*** (0.052)	0.555*** (0.052)
	很健康	0.228*** (0.046)	0.050 (0.075)	0.055 (0.076)	0.298*** (0.047)	0.063 (0.075)	0.069 (0.076)	0.733*** (0.054)	0.723*** (0.054)
	非常健康	0.282*** (0.047)	0.090 (0.081)	0.097 (0.081)	0.321*** (0.048)	0.093 (0.081)	0.100 (0.081)	1.012*** (0.056)	1.003*** (0.056)
社会因素	教育年限		0.024* (0.012)	0.024* (0.012)		0.022** (0.011)	0.022** (0.011)	0.009*** (0.004)	0.016*** (0.003)
	教育×户口		-0.018 (0.014)	-0.016 (0.014)		-0.003 (0.007)	-0.002 (0.007)	0.052*** (0.007)	0.004 (0.003)
	党员		-0.011 (0.081)	-0.013 (0.081)		-0.037 (0.080)	-0.036 (0.080)	0.278*** (0.041)	0.295*** (0.041)
位置因素	市辖区			0.108 (0.088)			0.175* (0.090)	-0.235*** (0.027)	-0.253*** (0.027)
	中部			0.802 (0.494)			0.797 (0.512)	-0.591 (0.698)	-0.780 (0.792)
	西部			-0.032 (0.556)			-0.179 (0.552)	0.640*** (0.174)	0.627*** (0.181)
	直辖市			-0.118 (0.499)			-0.073 (0.493)	-1.224* (0.685)	-1.377* (0.779)
省份		否	否	是	否	否	是	是	是
职业类型		否	是	是	否	是	是	是	是
控制时间		是	是	是	是	是	是	是	是
回归模型		混合	固定	固定	混合	固定	固定	Ologit	Ologit
观测值		22364	14112	14112	21804	13887	13887	30323	29773
R^2		0.345	0.399	0.402	0.283	0.398	0.401	—	—

注: $*p<0.1$; $**p<0.05$; $***p<0.01$, 括号里的数字为标准差。

倍，在控制时间因素（"时间×户口"项）后，城市户籍劳动力平均收入水平比农村户籍劳动力仅高出 31.3%，表明随着时间的推进，在劳动力市场上，城乡户籍带来的影响在减弱。由于混合 OLS 回归无法克服因遗漏某些变量而造成的异质性偏误，本书使用固定效应模型来克服。结果（2）和结果（3）显示，在控制其他变量的情况下，城市户籍对劳动者收入水平的影响为正，时间效应为负，尽管结果并不显著，但其符号也可以表明拥有城市户籍的劳动收入水平一般要高于农村户口劳动者，随着时间的推移，城市户籍优势在减弱，与结果（1）相呼应。

结果（4）至结果（6）考察了户籍制度对本地和外地劳动力客观收入水平的影响。结果（4）显示，本地户籍对收入水平的影响显著为负，时间效应显著为正，但使用固定效应模型得出的结果（5）和结果（6）则显示本地户籍和时间效应结果不显著，系数也较小，符号也无法支持结果（4）的结论，结果并不稳健。这可能是因为本部分以劳动者工作总收入来表示收入水平，而工作总收入当中工资占据绝大部分，本地与外地户口之间在工资收入方面可能歧视较小或不存在歧视，同时也可能是由于本地与外地户籍的差别更多体现在子女教育、医疗以及就业门槛等领域，在工资等收入方面的差距相对较小。

户籍制度对劳动者主观收入水平的影响为结果（7）和结果（8）。结果（7）显示，城市户籍系数显著为负，时间效应系数也为负，但并不显著。结合前述对结果（1）至结果（3）的分析，本书认为与农村户籍劳动者相比，城市户籍劳动者显著低估了自身的收入水平。从结果（8）来看，本地户籍系数和时间效应系数符号都为正，但并不显著且系数也较小。这表明，从个人主观评价来看，本地户籍与外地户籍收入水平差距不大，在一定程度上印证了结果（5）和结果（6）的结论。

除户籍因素以及性别等个人特征外，受教育年限系数在所有回归方程中都显著为正，体现出人力资本对劳动者收入提高的重要性。

（二）户籍制度改革与劳动者社会地位差异

选用客观法测量 ISEI 指数检验户籍制度对劳动者社会地位影响的回归结果为结果（9）至结果（14），如表 3-5 所示。其中：结果（9）至结果（11）为城乡户籍差别对劳动者社会地位的影响，结果（12）至结果（14）则考虑了本地与外地户籍的差别。结果（9）显示，城市户籍对劳动者社会地位的提升具有显著正向影响，而时间效应显著为负则表明城乡户籍差别对劳动者社会地位的歧视随时间减弱。而采用固定效应模型估计出的结果（10）和结果（11）显示，城市户籍对劳动者社会地位具有正向影响，但并不显著，而时间效应是显著为负的，在一定程度上印证了混合回归的结果。

表 3 - 5　　　　　　　　　　　户籍制度对劳动者社会地位的影响

解释变量		被解释变量：ln（ISEI）						主观社会地位	
		城市 vs 农村			本地 vs 外地			城市 vs 农村	本地 vs 外地
		(9)	(10)	(11)	(12)	(13)	(14)	(15)	(16)
户籍因素	户口	0.418 *** (0.006)	0.044 (0.049)	0.048 (0.049)	- 0.167 *** (0.011)	- 0.044 * (0.026)	- 0.042 (0.026)	- 0.318 *** (0.081)	0.225 *** (0.056)
	时间×户口	- 0.087 *** (0.009)	- 0.055 *** (0.013)	- 0.054 *** (0.013)	- 0.040 *** (0.014)	0.045 * (0.027)	0.045 * (0.027)	- 0.017 (0.048)	0.007 (0.069)
个体因素	男性	- 0.010 ** (0.004)			- 0.036 *** (0.005)			- 0.237 *** (0.033)	- 0.245 *** (0.033)
	年龄	- 0.011 *** (0.001)	0.010 (0.022)	0.002 (0.022)	- 0.006 *** (0.001)	0.014 (0.023)	0.005 (0.023)	0.019 *** (0.007)	0.017 ** (0.007)
	年龄^2	0.000 *** (0.000)	- 0.000 ** (0.000)	- 0.000 ** (0.000)	- 0.000 ** (0.000)	- 0.000 ** (0.000)	- 0.000 ** (0.000)	0.000 (0.000)	0.000 (0.000)
	身高	- 1.739 * (0.915)	- 1.563 (4.689)	- 1.286 (4.693)	- 3.886 *** (0.976)	- 2.256 (4.936)	- 1.753 (4.929)	8.050 (6.346)	7.628 (6.412)
	身高^2	- 0.219 (0.187)	0.534 (1.109)	0.480 (1.110)	0.313 (0.200)	0.687 (1.172)	0.577 (1.171)	- 1.849 (1.337)	- 1.710 (1.352)
	体重	0.061 *** (0.011)	- 0.018 (0.048)	- 0.020 (0.048)	0.076 *** (0.012)	- 0.015 (0.050)	- 0.017 (0.050)	- 0.004 (0.075)	- 0.004 (0.076)
	体重^2	- 0.000 *** (0.000)	0.000 (0.000)	0.000 (0.000)	- 0.000 *** (0.000)	0.000 (0.000)	0.000 (0.000)	- 0.000 (0.000)	- 0.000 (0.000)
	BMI	- 0.167 *** (0.030)	0.030 (0.135)	0.034 (0.136)	- 0.204 *** (0.032)	0.022 (0.140)	0.028 (0.140)	0.023 (0.201)	0.019 (0.203)
	BMI^2	0.002 *** (0.000)	- 0.000 (0.001)	- 0.001 (0.001)	0.002 *** (0.000)	- 0.000 (0.001)	- 0.000 (0.001)	0.001 (0.002)	0.001 (0.002)
	少数民族		0.335 *** (0.019)	0.347 *** (0.027)		0.346 *** (0.022)	0.357 *** (0.030)	0.118 ** (0.049)	0.128 *** (0.049)

续表

解释变量		被解释变量：ln (ISEI)						主观社会地位	
		城市 vs 农村			本地 vs 外地			城市 vs 农村	本地 vs 外地
		(9)	(10)	(11)	(12)	(13)	(14)	(15)	(16)
自评健康	一般	0.032 *** (0.007)	0.001 (0.022)	0.004 (0.022)	0.036 *** (0.008)	0.005 (0.023)	0.009 (0.023)	0.207 *** (0.063)	0.208 *** (0.064)
	比较健康	0.093 *** (0.007)	0.001 (0.021)	0.002 (0.021)	0.111 *** (0.007)	0.002 (0.021)	0.003 (0.021)	0.356 *** (0.059)	0.357 *** (0.059)
	很健康	0.063 *** (0.007)	-0.001 (0.022)	0.001 (0.022)	0.083 *** (0.007)	0.006 (0.022)	0.008 (0.022)	0.523 *** (0.060)	0.522 *** (0.061)
	非常健康	0.065 *** (0.007)	-0.008 (0.023)	-0.005 (0.023)	0.073 *** (0.008)	0.001 (0.024)	0.003 (0.024)	0.831 *** (0.062)	0.835 *** (0.063)
ln (收入水平)			0.011 *** (0.002)	0.010 *** (0.002)		0.010 *** (0.002)	0.009 *** (0.002)	— —	— —
社会因素	教育年限		0.007 ** (0.003)	0.007 ** (0.003)		0.008 ** (0.003)	0.008 *** (0.003)	0.015 *** (0.004)	0.019 *** (0.004)
	教育×户口		0.001 (0.005)	0.000 (0.005)		0.001 (0.003)	0.001 (0.003)	0.020 *** (0.007)	-0.006 ** (0.003)
	党员		-0.022 (0.034)	-0.022 (0.034)		-0.028 (0.036)	-0.028 (0.036)	0.478 *** (0.040)	0.492 *** (0.040)
位置因素	市辖区			-0.012 (0.021)			-0.009 (0.022)	-0.281 *** (0.027)	-0.286 *** (0.028)
	中部			0.002 (0.272)			-0.045 (0.257)	0.828 (0.528)	0.769 (0.602)
	西部			0.025 (0.254)			-0.007 (0.258)	0.520 *** (0.172)	0.489 *** (0.176)
	直辖市			0.156 (0.222)			0.152 (0.215)	0.323 (0.511)	0.307 (0.586)
	省份	否	否	是	否	否	是	是	是

续表

解释变量	被解释变量：ln（ISEI）						主观社会地位	
	城市 vs 农村			本地 vs 外地			城市 vs 农村	本地 vs 外地
	(9)	(10)	(11)	(12)	(13)	(14)	(15)	(16)
控制时间	是	是	是	是	是	是	是	是
回归模型	混合	固定	固定	混合	固定	固定	Ologit	Ologit
观测值	32840	16217	16217	32043	15937	15937	30458	29907
R^2	0.308	0.037	0.044	0.158	0.032	0.041	—	—

注：$*p < 0.1$；$**p < 0.05$；$***p < 0.01$，括号里的数字为标准差。

从本地与外地户籍差别对劳动者 ISEI 指数的影响来看，固定效应模型估计出的结果（13）的本地户籍系数显著为负，结果（14）的本地户籍系数虽然不显著但符号为负，原因可能在于，如果剔除农民工的影响，与本地户籍劳动人口相比，外地户籍劳动人口往往受教育程度更高、工作更加努力、工资收入也较高。但从时间效应来看，结果（13）和结果（14）的本地户籍与时间交叉项系数显著为正，表明随着时间的推移，本地户籍人口社会地位提升的机会要高于外地户籍人口。原因可能在于：一方面是地方政府大多实施本地户籍就业优先政策，导致外来人口在就业的机会、待遇以及保障等方面与本地人口存在差别，以至于大部分外来劳动力往往从事本地人口不愿意从事的最低级和最底层工作（魏万青，2012），这种本地户籍优先的就业政策在大城市尤为明显；另一方面，外来优秀劳动者在中国大部分城市"人才优先落户"的政策下，户籍身份实现了向本地户籍的转变。

回归结果（15）和结果（16）选用主观法测量的社会地位来检验户籍制度的影响。结果（15）显示城市户籍系数显著为负，表明城市户籍劳动人口对自身社会地位的评估低于农村人口，这与城市户籍劳动人口对自身主观收入的估计低于农村劳动人口一样，如表3-4中结果（7），城市户籍与时间交叉项系数为负，但并不显著。从本地与外地户籍差别来看，本地户籍系数显著为正，表明本地户籍劳动人口对自身社会地位的主观评价要高于外来劳动人口，而本地户籍与时间的交叉项系数符号为正但并不显著。

总体来看，本部分的研究表明，从劳动者收入差距和社会地位差异来看，从2014年开始的新一轮户籍制度改革已经取得初步成效。

　　第一，从收入水平来看，劳动力市场上的城乡不同户籍的影响在减弱。尽管城市户籍劳动力平均工资总收入水平要高于农村户籍劳动力，但随着时间的推移，城乡差距在缩小。从本地户籍与外地户籍的差异来看，两者在劳动力市场上的工资总收入水平差异并不显著。可以说，从工资总收入水平来看，户籍制度改革在劳动力市场上是有成效的。

　　第二，从劳动者社会地位来看，城乡歧视在减弱，但本地与外地差异在增加。一方面，随着时间的推移，城市户籍与农村户籍劳动者的社会地位差距呈现缩小态势；另一方面，本地户籍与外地户籍劳动者社会地位的差距随着时间在加强，表明户籍对劳动者社会地位的歧视正从城乡转向跨区域。

第四节　户籍身份转换让农业转移人口更好地融入城市了吗

　　受户籍制度的影响，中国大量农业转移人口难以融入城市社会，导致市民化进程严重滞后①。为加快市民化进程，国务院先后发布了《关于进一步推进户籍制度改革的意见》《推动 1 亿非户籍人口在城市落户方案》等政策及实施方案。由于户籍内含福利存在城乡及区域差别，与农村及落后地区相比，城市及发达地区地方政府为本地户籍居民在教育、就业、医疗、养老等方面提供了为更为优质的基本公共服务（陆益龙，2008），其市民化成本也相对较高（魏后凯和陈雪原，2014）。与此同时，改革开放以来中国农业转移人口主要呈现"人往城中走""人往东部走"和"人往高处走"②的流动特征（年猛，2017），这就不可避免地增加了流入地政府推进市民化的成本。在地方政府推进城市化过程中"重物轻人""要地不要人"的传统思维下（魏后凯，2016），导致户籍人口城镇化率长期低于常住人口城镇化率。2020 年底，中国常住人口城镇化率达到 63.89%、户籍人口城镇化率为 45.4%，两者相差达 18.49 个百分点，市民化进程任重而道远③。

　　基于公平的考虑，我国不断加大政策力度推进市民化进程。例如，在国务院出台的《关于实施支持农业转移人口市民化若干财政政策的通知》中明确提出建立中央和省级财政农业转移人口市民化奖励机制，调动地方政府推动农

---

① 《国家新型城镇化规划（2014—2020 年）》，中共中央、国务院印发，2014 年 3 月 16 日。

② "人往高处走"指人口向省会城市、副省级及直辖市等高行政等级城市流动。

③ 数据来源于国家统计局官方网站 http://www.stats.gov.cn/tjsj。

业转移人口市民化的积极性，同时落实东部发达地区和大型、特大型城市的主体责任，促进地方政府加快农业转移人口市民化进程。然而，推进市民化不仅是一纸农转非户口登记的简单转换，还涉及农转非居民与原居民在子女教育、医疗卫生、就业及社会保障等方面要享有同等待遇的问题，某些地方的农转非居民并未与原城市居民享有同等社会保障等基本权益（张利国和闫沙庆，2012）。

农转非居民能否完全融入城市会对潜在进入者形成预期，从而对城市规模造成影响，并最终导致城市规模体系无法形成一个稳定的状态。为检验农转非居民在身份转换后是否更好地融入了城市，本节继续利用中国家庭追踪调查数据，以劳动力市场为例进行实证检验。现有研究主要从就业机会（姚先国等，2016）、社会经济地位（谢桂华，2014）、收入水平（郑冰岛和吴晓刚，2013；杨金龙，2018）、职业晋升（吴晓刚，2007）以及市民角色意识等方面研究农转非居民的市民化问题。

与现有研究相比，本书一方面从实际收入改善和社会经济地位提升两个方面考察农转非劳动者与城市户籍和农村户籍劳动者的差别，以检验农业转移劳动力在实现户籍身份转换后是否融入了城市社会；另一方面，农转非劳动者是否更好地融入社会生活，他们心理状况的变化也是需要关注的重要范畴，因此除了使用客观指标，本书还使用了劳动者的主观收入和主观社会地位评价进行分析。

一、数据描述

（一）劳动者户籍类型与社会地位差别

为了比较分析劳动力市场上农业转移人口在获得城市户籍后产生的变化，本部分按户籍类型将劳动者分为农村户口、户籍转换（即农转非）和城市户口三种类型。需要说明的是，农村户口指一直持有农业户口的劳动力，城市户口指一直是城市户口的劳动力，不含农转非居民。从劳动者主观社会地位评价来看（见表 3-6），农村户口群体中，有 31.23% 的劳动者认为自己社会地位比较低（即数值为 "1" 和 "2"），49.62% 的劳动者认为自己社会地位一般（即数值为 "3"），19.15% 的劳动者认为自己社会地位较高（即数值为 "4" 和 "5"）；户籍转换劳动者群体中，32.56% 的劳动者认为自己社会地位较低，51.12% 的劳动者认为自己社会地位中等，16.32% 的劳动者认为自己社会地位较高；城市户口群体中，38.56% 的劳动者认为自己社会地位较低，50.16% 的劳动者认为自己社会地位处于中等水平，仅有 11.27% 的城市劳动者认为自己社会地位较高。从主观评价来看，农村户口劳动者群体倾向于高估自身的社会地位，城市户口劳动者群体倾向于低估自身的社会地位，而户籍转换劳动者对自身社会地位的评价则居于上述两者之间。

表 3-6 主观社会地位、主观收入水平与劳动者户籍 单位：%

数值	农村户口（比重）		户籍转换（农转非）（比重）		城市户口（比重）	
	主观社会地位	主观收入水平	主观社会地位	主观收入水平	主观社会地位	主观收入水平
1	12.66	24.12	13.07	22.93	17.26	27.34
2	18.57	27.50	19.49	26.78	21.30	27.84
3	49.62	39.97	51.12	42.53	50.16	39.09
4	13.25	5.61	12.52	6.24	9.15	4.81
5	5.90	2.79	3.80	1.51	2.12	0.91

注：数据来源于 CFPS；"城市户口"群体为剔除"户籍转换"后的数据。

从劳动者客观社会地位来看，根据图 3-7 可知，农村户口劳动者 ISEI 指数处于底部的群体占大多数，ISEI 指数为 23 占比达 60.91%，而户籍发生转换的劳动者 ISEI 指数处于底部的群体占比则显著少于农村户口劳动者，城市户口劳动者的 ISEI 指数大部分集中在中部区域。总体来看，农村户口劳动者社会地位不高，社会结构不合理；户籍发生转换的劳动者群体社会结构分布较为均匀，总体社会地位水平较高，表明农业转移劳动力在实现农转非之后社会地位也随之提升；城市户口劳动者的社会地位总体呈现为类似发达国家以中产阶级为主的"纺锤型"结构，这是一种比较稳定的社会结构。通过比较可以看出，户籍转换劳动者群体在实现农转非之后，整体社会地位要优于农村户口劳动者群体，表明身份实现转换后社会地位实现了改善，但与城市户口劳动者群体相比仍有差距。除社会地位、收入水平外，不同户籍类型劳动者群体在教育、工作等领域也存在显著差别。根据表 3-7，从教育情况来看，城市户籍劳动者群体受教育水平最高，平均受教育年限为 11.232 年，之后是户籍转换群体，平均达到 9.537 年；而农村户籍劳动者群体教育水平最低，平均受教育年限仅为 6.129 年。从工作情况来看，与农村户籍劳动者相比，户籍转换劳动者群体与城市户籍劳动者群体工作年限更久，换工作频次较低且大多从事第二产业、第三产业及国家公务员等社会地位较高的行业；根据受访劳动者 14 岁时父母最高教育年限来看，城市户籍劳动者群体平均为 7.743 年，户籍转换劳动者群体为 5.322 年，农村户籍劳动者群体平均为 4.203 年。

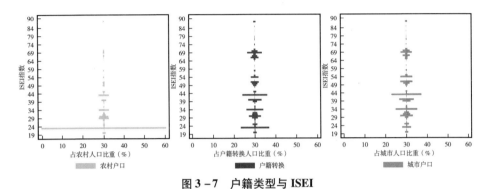

图 3-7　户籍类型与 ISEI

注：数据来源于 CFPS；"城市户口"群体为剔除"户籍转换"后的数据。

根据表 3-7 中的 ISEI 平均数值，户籍转换劳动者与城市户口劳动者的客观社会地位差距已经非常小了，几乎可以忽略不计。

（二）劳动者户籍类型与收入水平差别

与测度劳动者社会地位指标一样，本部分同样采用主观法和客观法测量收入指标。主观法测量的劳动者收入水平同样为"1~5"的离散变量，"1"为最低，"5"为最高，取值越高表明劳动者认为自己的收入水平越高。客观收入即实际收入，根据 CFPS 提供的数据，本部分以劳动者工作总收入表示①。

从劳动者主观收入水平评价来看（见表 3-6），农村户口劳动者群体中，51.62% 的劳动者认为自己收入较低（即数值为"1"和"2"），39.97% 认为自己收入处于中等水平（即数值为"3"），8.4% 认为自己收入水平较高（即数值为"4"和"5"）；户籍转换劳动者群体中，49.71% 的劳动者认为自己收入水平较低，42.53% 认为自己收入水平处于中等，7.75% 认为自己收入水平较高；城市户口劳动者群体中，高达 55.18% 的劳动者认为自己收入水平较低，39.09% 认为自己收入水平处于中等，而认为自己收入水平较高的占比为5.72%。总体来看，与其他群体相比，城市户口劳动者认为自己收入水平偏低，存在低估倾向。

从劳动者实际收入水平来看（见图 3-8），从收入分布结构来看，农村户口劳动者群体大概呈"金字塔型"，这是以底层收入者占大多数的结构，不利

---

① 根据 CFPS 的计算，工作总收入等于所有工资、奖金、现金福利和实物补贴减去税和五险一金。

于社会稳定发展；户籍转换劳动者群体和城市户口劳动者群体则总体呈现出"纺锤型"结构，这种结构以中间层收入者为大多数，有利于社会的稳定发展。但与城市户口群体稍有区别，户籍转换劳动者收入处于底层的群体占比稍多，且在年工作总收入大于 20 万元的高收入群体中，城市户口劳动者占比最高。

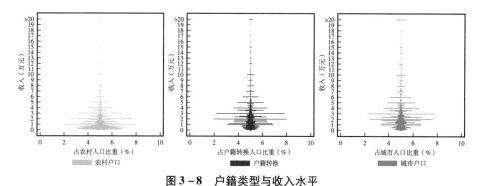

图 3 - 8　户籍类型与收入水平

注：数据来源于 CFPS；"城市户口"群体为剔除"户籍转换"后的数据。

由此可以得出以下结论：农业转移劳动力在获得城市户籍之后（即实现了"农转非"），社会地位和收入水平较农村户口劳动者群体有了一定程度的提升，但与城市户口劳动者群体相比还存在些许差距，但差距不大，表明农业转移劳动力实现户籍转换后已经逐渐融入城市群体。

（三）劳动者户籍类型与其他特征

除社会地位、收入水平外，不同户籍类型劳动者群体在教育、工作等领域也存在显著差别。根据表 3 - 7：从教育情况来看，城市户籍劳动者群体受教育水平最高，平均受教育年限为 11.232 年，其次是户籍转换群体，平均达到 9.537 年，而农村户籍劳动者群体教育水平最低，平均受教育年限仅为 6.129 年；从工作情况来看，与农村户籍劳动者相比，户籍转换劳动者群体与城市户籍劳动者群体工作年限更久、换工作频次较低且大多从事第二产业、第三产业及国家公务员等社会地位较高的行业；根据受访劳动者 14 岁时父母最高教育年限来看，城市户籍劳动者群体平均为 7.743 年，户籍转换劳动者群体为 5.322 年，农村户籍劳动者群体平均为 4.203 年。

表 3 - 7　　　　　　　　　　　　　户籍类型与主要特征

变量		农村户籍	户籍转换	城市户籍
社会地位	ISEI	28.929	43.062	44.779
	主观社会地位 i	2.812	2.745	2.576
收入	ln（收入）	9.029	9.823	9.839
	主观收入水平 i	2.355	2.366	2.241
教育	受教育年限（年）	6.129	9.537	11.232
工作经历	工作经验（年）	6.793	8.968	8.334
	工作份数	1.918	1.696	1.533
	产业类型 ii			
	第一产业（%）	42.7	3.4	2.3
	第二产业（%）	27.8	29.9	30.7
	第三产业（%）	29.4	66.7	68.1
	职业类型 ii			
	国家机关、党群组织、企业、事业单位负责人（%）	3.7	9.5	10.5
	专业技术人员（%）	2.6	18.4	16.6
	办事人员和有关人员（%）	2.2	12.3	18.4
	商业、服务业人员（%）	10.8	24.5	25.6
	农、林、牧、渔、水利业生产人员（%）	59.1	9.4	1.3
	生产、运输设备操作人员及有关人员（%）	19.5	23.2	24.7
	工作单位类型 ii			
	受雇于政府党政或人民团体、事业单位、国有企业（%）	4.3	29.2	39.6
	受雇于其他（%）	28.4	42.3	44.3
	私营企业、个体工商户、其他自雇（%）	9.6	14.0	13.3
	农业打工、非农散工（%）	6.5	2.6	1.5
	自家农业生产经营（%）	51.3	11.9	1.3
家庭	14 岁时父母最高教育年限（年）	4.203	5.322	7.743
	在婚 iii （%）	83.7	88.0	74.5

注：i 表示主观判断变量；ii 表示类型变量；社会地位、收入、教育、工作年限、工作份数、14 岁时父母最高教育年限变量数值为该群体的平均数，其余变量数值为具有该变量劳动者占本群体比重；iii 表示虚拟变量。

二、计量模型设定

为分析农业转移劳动者在实现户籍身份转换后是否更好地融入了城市群体，本部分尝试从收入水平和社会地位方面分析户籍转换劳动者与城市、农村户口劳动者之间是否存在显著差异。在实证分析策略方面，本部分首先使用双重差分模型（DID）进行实证检验，其次为保证结果的可靠性和稳健性，进一步使用倾向得分匹配法（PSM）进行分析。

（一）双重差分模型（DID）构建

基本 DID 模型构建如式（3-7）所示。

$$\ln(Y_i) = \beta_0 + \beta_1 t + \beta_2 hktrans_i + \beta_3 t\_hktrans_i + \beta_4 individual_i + \beta_5 family_i$$
$$+ \beta_6 occupation_i + \beta_7 location_i + \varepsilon_i \qquad (3-7)$$

其中，Y_i 表示劳动者 i 的客观收入水平或社会地位（即 ISEI 指数）；$hktrans_i$ 表示劳动者的户籍身份，为虚拟变量，农转非劳动者取值为 1，其他为 0；$individual_i$ 表示劳动者个体因素变量，包括性别、年龄、健康程度、是否为少数民族、是否是中共党员、受教育年限等；$family_i$ 表示劳动者的家庭因素，包括是否已婚和 14 岁时父母最高受教育年限等；$occupation_i$ 表示劳动者的工作情况，包括工作经验年限、是否在城市就业以及从事行业类型等；$location_i$ 表示劳动者居住区域，包括是否居住在市辖区东部、中部区域等；t 表示时间因素。

由于本部分还使用了主观收入水平和主观社会地位两个主观指标，且这两个指标属于有序离散变量，可能含不可观测变量，因此采用有序响应模型进行分析。模型设定如式（3-8）所示。

$$Y_i^* = F(\beta_0 + \beta_1 t + \beta_2 hktrans_i + \beta_3 t\_hktrans_i + \beta_4 individual_i$$
$$+ \beta_5 family_i + \beta_6 occupation_i + \beta_7 location_i + \varepsilon_i) \qquad (3-8)$$

其中，Y_i^* 表示劳动者 i 的主观收入水平或主观社会地位，其余变量与式（3-7）相同。

（二）倾向得分匹配法（PSM）模型构建

1. 方法简介

在政策评价问题中，如果数据来自观测而非随机试验，评估政策效应时就会产生偏差，为降低这种估计偏差，罗森鲍姆和鲁宾（Rosenbaum and Rubin,

1983）提出了倾向得分匹配法（propensity score matching，PSM）。为了对观测数据进行客观分析，需要对其进行结构化，将这些数据进行重新定义，使其符合常规的分配机制（regular assignment mechanism），即类似于完全的随机试验，与随机试验不同的地方在于这种分配机制允许处理效应（treatment effect）随着个体变化。研究过程中，估计结果通常是对整个样本或子样本的平均处理效应（average treatment effect，ATE）。本部分处理效应主要有两种：一是获得非农户口，取值为 1；二是保持原户口特征，取值为 0。根据产出 Y_i 表示两类劳动者群体收入及社会地位的变量，可以得到：

$$ATE = E[Y_i(1) - Y_i(0)]$$

然而并不是每个个体都考虑在处理效应范围之内，ATE 估计出来的结果可能与处理效应本身无关（Heckman，1997）。针对这种情况，处理效应能够覆盖的群体 W 才是应该被关注的研究对象，平均处理效应（average treatment effect on the treated，ATT）才是评估处理效应是否有效的重点，即：

$$ATT = E[Y_i(1) - Y_i(0) | W_i = 1]$$

其中，$E[Y_i(0) | W_i = 1]$ 为反事实均值（counterfactual mean），表示在处理效应能够覆盖的范围以内，但未享受到处理效应的子样本的均值，通过寻找反事实子样本作为对照组来估计 ATT。需要注意的是 $E[Y(0) | W_i = 0]$ 是不能够作为对照组的。因为即使没有处理效应，这类样本与处理组也有差异，这种差异叫作选择性偏误（selection bias）。具体为：

$$E(Y_i(1) | W_i = 1) - E(Y_i(0) | W_i = 0)$$
$$= [EY_i((1) | W_i = 1) - E(Y_i(0) | W_i = 1)]$$
$$+ [E(Y_i(0) | W_i = 1) - E(Y_i(0) | W_i = 0)]$$
$$= ATE + selection\ bias$$

其中，选择性偏误是在没有处理效应的情况下，处理和未处理样本产出之间的偏差，即 $[E(Y_i(0) | W_i = 1) - E(Y_i(0) | W_i = 0)]$，该项为 0 时，ATT 估计量才能被识别。因此，在观察样本中，需要依赖于一些识别假定来解决选择偏差问题。

罗森鲍姆和鲁宾（1983）认为，匹配过程要满足强忽略假定（strong ignorability），模型才能被识别。强忽略假定包括两个方面。第一，非混淆性（unconfoundedness），指基于可观察性或条件独立性进行选择，是否参与处理过程 W 取决于协变量 X（或预处理变量，pre-treatment variable），与产出 Y 无关，即 $[Y_i(0); Y_i(1)] \perp\!\!\!\perp W_i | X_i$[①]。如果是否参与处理效应是具有相似预处

---

① 表示在 X 给定的条件下，Y(0) 和 Y(1) 与 W 独立。

理变量个体的随机行为，就可以使用未处理个体的平均产出结果计算 ATT。对于个体 i，通过找到与估计量匹配的样本这种方式得到的结果差异可以归因于处理效应。

第二，重叠假定（overlap）或称之为共同支撑假定（common support condition），指个体被处理的概率 $p_i = Pr(W_i | X_i)$ 由自身协变量的值所决定，且概率介于 0 和 1 之间，这个概率被称为倾向得分（propensity score），即 $0 < Pr(W_i = 1 | X_i) < 1$。分析协变量值相同的子样本，就类似于完全的随机实验，而只有在满足强忽略假定的情况下，才能识别平均处理效应。

OLS 分析满足了无混淆性假定，但不一定满足重叠假定。如果处理组与对照组的协变量平均值差异较大，而且不知道处理效应多大程度依赖于协变量，会增加结论对模型和假定的敏感度，协变量的选择会强烈影响模型的估计结果。因此，近些年提出了采用非参数回归的估计量来避免模型过度依赖协变量的匹配方法，主要是精确匹配法和倾向得分匹配方法，其基本思路是在无混淆性假定下，寻找与处理样本协变量相似的未处理样本。在高维数据中，在未处理样本中寻找与处理样本协变量完全相同的样本是困难的，精确匹配方法的运用受到限制，而使用倾向得分匹配法可以通过概率实现降维的目的，利用概率相似的样本作为控制组。基于以上分析，本部分以 OLS 方法作为参照，使用 PSM 方法进行结果估计。

2. 模型设定

（1）估计倾向得分

估计倾向得分，需要先选择协变量。根据已有文献，对于协变量 X_i 的选择应基于前人的研究、理论以及统计检验，并不需要行为解释（Heckman et al.，1998；Heckman and Smith，1999；Black and Smith，2004）。另外一些学者认为，同时影响处理状态和产出的因素也应当被纳入协变量（Sianesi，2004；Smith and Todd，2005）。在保证非混淆性假定的前提下，产出变量应该独立于以倾向得分为条件的处理效应。因此，模型中应只包括不受处理效应影响的变量。为确保该条件的成立，应选择不随时间变化或在处理效应实施前观测的变量。除此之外，匹配倾向得分为 0 或 1 的观测样本不应在对照组中，因为这部分样本一直或从未接受处理效应，即无法满足重叠假定，导致匹配无法进行。

本部分主要研究户籍身份转换后劳动者收入及社会地位的变化，为了尽可能得到准确的倾向得分，首先，根据上述理论设定影响劳动者户籍身份转换的协变量 X_i，包括个体因素 individual$_i$、家庭因素 family$_i$、工作状况 occupation$_i$

以及位置因素 location$_i$；其次，确保处理组与控制组有足够的重叠。基于上述分析，本部分选择 logistic 概率模型估计倾向得分，方程如下。

$$Pr(W_i = 1 \mid X_i) = F(h(X_i)) = \frac{\exp(h(X_i))}{1 + \exp(h(X_i))}$$

其中，$h(X_i)$ 表示协变量及其高阶项的线性方程，$F(.)$ 是累计分布函数。

（2）匹配策略和 ATT 估计

本部分需要将户籍转换劳动者分别与农村户籍劳动者和城市户籍劳动者进行比较分析。在匹配过程中，处理对象 i 为户籍转换劳动者，与一个或多个未发生户籍变化的劳动者进行匹配，户籍转换劳动者 i 的结果变量 Y_i^{obs} 可以由相匹配对象的加权组合表示，即：

$$\hat{Y}_i(0) = \sum_{j \in C(i)} W_{ij} Y_j^{obs}$$

其中，$C(i)$ 是邻近对象的集合①，W_{ij} 是未处理对象 j 的权重，$\sum_{j \in C(i)} W_{ij} = 1$。对于处理对象户籍转换劳动者 i 有 $W_{ii} = 0$，那么 $ATT = E[Y_i(1) - Y_i(0) \mid W_i = 1]$ 的估计值为：

$$\widehat{ATT} = \frac{1}{N^T} \Big[\sum_{W_i = 1} Y_i^{obs} - \hat{Y}_i(0) \Big]$$

其中，N^T 代表户籍转换劳动者中被户籍未发生变化劳动者匹配的样本个数。

（三）主要使用的控制变量

本部分主要使用的控制变量包括个人特征因素、家庭因素、工作状况和区位因素，具体统计描述参见表 3 - 8。

表 3 - 8　　　　　　　　　　　　控制变量基本描述

	变量	观测值	均值	方差	最小值	最大值
户口	农转非（=1）VS 其他户口 [i]	101457	0.131	0.337	0	1
	农转非（=1）VS 农业户口 [i]	86643	0.153	0.360	0	1
	农转非（=1）VS 城市户口 [i]	27671	0.480	0.500	0	1
就业	ISEI	75698	33.226	14.036	19	90
	主观社会地位 [ii]	112897	2.756	1.004	1	5

---

① 寻找邻近对象集合的方法主要有三种，即最近邻匹配（Nearest-Neighbor Matching）、半径匹配（Radius Matching）和核匹配（Kernel Matching），本书分别使用这三种方法进行匹配。

续表

	变量	观测值	均值	方差	最小值	最大值
收入	ln（收入）	57358	9.389	1.418	0	11.513
	主观收入水平 ii	103584	2.345	0.985	1	5
个体因素	男性 i	124208	0.496	0.500	0	1
	年龄	124211	40.876	13.852	16	65
	健康程度 ii	124135	3.353	1.265	1	5
	少数民族 i	124211	0.129	0.335	0	1
	中共党员 i	114218	0.064	0.244	0	1
	受教育年限	119694	7.582	4.750	0	22
家庭因素	已婚 i	124211	0.786	0.410	0	1
	14 岁时父母最高受教育年限	93445	4.948	4.606	0	22
工作状况	工作经验年限	55942	6.430	8.034	0	58
	城市就业 i	70129	0.575	0.494	0	1
	职业类型 iii					
	国家机关、党群组织、企业、事业单位负责人	77376	0.055	0.227	0	1
	专业技术人员	77376	0.068	0.251	0	1
	办事人员和有关人员	77376	0.056	0.229	0	1
	商业、服务业人员	77376	0.154	0.361	0	1
	农、林、牧、渔、水利业生产人员	77376	0.420	0.493	0	1
	生产、运输设备操作人员及有关人员	77376	0.224	0.417	0	1
位置因素	市辖区 i	120757	0.462	0.499	0	1
	东部地区 i	124211	0.459	0.498	0	1
	中部地区 i	124211	0.247	0.431	0	1

注：i 表示虚拟变量；ii 表示主观判断变量，取值为 1～5 的整数值，其中 1 表示很低，5 表示很高；iii 表示类型变量。

三、实证结果分析

（一）DID 估计结果分析

根据式（3-7）和式（3-8）可以得到户籍转换劳动者群体分别与农村户口劳动者群体及城市户口劳动者群体在收入水平及社会地位方面的差异，结果见表 3 - 9。

表 3 - 9 　　　　　　　　　　　　户籍身份转换 DID

变量	户籍转换 VS 农业				户籍转换 VS 城市			
	ISEI	主观社会地位	ln（收入）	主观收入	ISEI	主观社会地位	ln（收入）	主观收入
	（1）	（2）	（3）	（4）	（5）	（6）	（7）	（8）
农转非	5.421 *** (0.644)	- 0.170 *** (0.065)	0.210 *** (0.040)	- 0.141 ** (0.064)	5.236 *** (0.752)	0.087 (0.081)	- 0.091 ** (0.041)	0.061 (0.079)
2014 年	1.960 *** (0.264)	0.394 *** (0.038)	0.183 *** (0.025)	0.564 *** (0.038)	1.682 ** (0.748)	0.273 *** (0.083)	- 0.029 (0.041)	0.346 *** (0.085)
2016 年	2.448 *** (0.282)	0.086 ** (0.043)	0.359 *** (0.028)	0.192 *** (0.042)	1.666 * (0.873)	- 0.096 (0.107)	0.079 (0.054)	0.109 (0.106)
农转非 × 2014 年	- 3.421 *** (0.723)	0.052 (0.082)	- 0.099 * (0.050)	- 0.119 (0.084)	- 4.380 *** (0.916)	0.184 (0.113)	0.157 *** (0.057)	0.127 (0.114)
农转非 × 2016 年	- 3.666 *** (0.802)	0.046 (0.103)	- 0.036 (0.061)	0.111 (0.101)	- 4.074 *** (1.066)	0.215 (0.144)	0.300 *** (0.074)	0.245 * (0.141)
男性	- 1.288 *** (0.167)	- 0.189 *** (0.030)	0.513 *** (0.020)	0.090 *** (0.030)	- 2.165 *** (0.399)	- 0.103 ** (0.052)	0.302 *** (0.027)	0.196 *** (0.053)
年龄	- 0.195 *** (0.049)	- 0.011 (0.009)	0.035 *** (0.006)	- 0.019 ** (0.010)	- 0.223 (0.138)	- 0.092 *** (0.020)	0.027 ** (0.011)	- 0.101 *** (0.020)
年龄^2	0.001 ** (0.001)	0.000 *** (0.000)	- 0.001 *** (0.000)	0.000 ** (0.000)	0.002 (0.002)	0.001 *** (0.000)	- 0.000 ** (0.000)	0.001 *** (0.000)
健康程度	0.010 (0.064)	0.213 *** (0.013)	0.059 *** (0.009)	0.230 *** (0.013)	0.150 (0.185)	0.244 *** (0.027)	0.021 (0.014)	0.220 *** (0.027)
少数民族	- 0.596 ** (0.268)	0.069 (0.055)	- 0.013 (0.042)	0.101 * (0.055)	0.133 (0.962)	0.216 (0.136)	- 0.066 (0.066)	0.061 (0.148)
中共党员	3.542 *** (0.438)	0.579 *** (0.053)	- 0.025 (0.037)	0.331 *** (0.055)	1.936 *** (0.587)	0.449 *** (0.076)	0.117 *** (0.035)	0.416 *** (0.077)
教育年限	- 0.985 *** (0.050)	- 0.031 *** (0.010)	0.012 * (0.007)	- 0.067 *** (0.010)	- 1.122 *** (0.169)	- 0.117 *** (0.027)	- 0.007 (0.018)	- 0.105 *** (0.026)

续表

变量	户籍转换 VS 农业				户籍转换 VS 城市			
	ISEI	主观社会地位	ln（收入）	主观收入	ISEI	主观社会地位	ln（收入）	主观收入
	（1）	（2）	（3）	（4）	（5）	（6）	（7）	（8）
教育年限^2	0.130 *** (0.004)	0.003 *** (0.001)	0.001 ** (0.000)	0.006 *** (0.001)	0.150 *** (0.009)	0.008 *** (0.001)	0.003 *** (0.001)	0.010 *** (0.001)
工作经验	0.253 *** (0.026)	0.015 *** (0.005)	0.037 *** (0.004)	0.018 *** (0.005)	0.134 * (0.069)	0.022 ** (0.010)	0.043 *** (0.005)	0.030 *** (0.010)
工作经验^2	− 0.004 *** (0.001)	− 0.000 (0.000)	− 0.001 *** (0.000)	− 0.000 (0.000)	0.001 (0.002)	− 0.000 (0.000)	− 0.001 *** (0.000)	− 0.000 (0.000)
已婚	− 0.208 (0.270)	0.286 *** (0.050)	0.076 ** (0.031)	0.241 *** (0.050)	0.968 * (0.587)	0.472 *** (0.084)	− 0.020 (0.039)	0.439 *** (0.079)
14 岁父母受教育年限	0.066 *** (0.021)	0.006 * (0.002)	0.001 (0.002)	0.004 (0.004)	0.139 *** (0.051)	0.014 ** (0.007)	0.007 ** (0.003)	0.021 *** (0.007)
市辖区	0.696 *** (0.182)	− 0.269 *** (0.031)	0.074 *** (0.020)	− 0.228 *** (0.030)	− 1.190 ** (0.574)	− 0.506 *** (0.083)	− 0.080 ** (0.040)	− 0.403 *** (0.078)
东部	0.965 *** (0.194)	− 0.218 *** (0.037)	0.231 *** (0.026)	− 0.003 (0.036)	0.030 (0.551)	− 0.041 (0.080)	0.280 *** (0.040)	0.162 ** (0.078)
中部	0.452 ** (0.216)	− 0.033 (0.039)	0.087 *** (0.028)	0.055 (0.039)	0.045 (0.633)	0.123 (0.086)	− 0.002 (0.045)	0.058 (0.085)
职业类型	是	是	是	是	是	是	是	是
模型	OLS	Ologit	OLS	Ologit	OLS	Ologit	OLS	Ologit
Observations	15702	18109	10159	17888	4453	5532	4352	5459
R^2 [Pseudo R^2]	0.462	0.028	0.191	0.024	0.373	0.041	0.183	0.052

注：* $p<0.1$；** $p<0.05$；*** $p<0.01$，括号里的数字为标准差。

户籍转换劳动者与农村户口劳动者之间收入与社会地位差异见结果（1）~结果（4）。从客观指标来看，根据结果（1），在控制时间等其他变量的情况下，农转非变量显著为正，表明户籍转换劳动者平均 ISEI 指数高于农村劳动者群体，但农转非与时间交叉项显著为负，表明随着时间的增加农村户口劳动者群体与户籍转换劳动者群体的 ISEI 指数差距在逐渐缩小；根据结果（3），在控制时间等其他变量的情况下，农转非变量都显著为正，农转非与 2014 年交叉项显著为负，尽管农转非与 2016 年交叉项并不显著但符号为负，同样表明户籍转换劳动者平均收入水平高于农村户口劳动者，并且随着时间的增加两者的差距在逐渐缩小。从主观指标来看，在控制其他变量的情况下，结果（2）和结果（4）的农转非变量都显著为负，表明户籍转换劳动者主观收入及主观社会地位平均要低于农村户籍劳动者群体，与前面数据描述一致。从主观评价来说，农村户口劳动者倾向于高估自己的收入水平及社会地位，而从农转非与时间交叉项来看，两个结果都不显著。

结果（5）至结果（8）为户籍转换劳动者与城市户口劳动者之间收入与社会地位差异。从客观指标来看：根据结果（5），在控制其他变量的情况下，农转非变量系数显著为正，而农转非与时间交叉项显著为负，表明户籍转换劳动者群体平均 ISEI 指数高于城市户口劳动者群体，但随着时间的增加，两者的差距在缩小，根据前面的数据描述，户籍转换劳动者群体平均 ISEI 指数低于城市户籍劳动者群体，与此处 DID 估计的结果相悖；根据结果（7），从劳动者客观收入情况来看，农转非变量系数显著为负而农转非与时间交叉项显著为正，表明户籍转换劳动者群体平均收入低于城市群体，但随着时间的增加两者的差距呈缩小态势。从主观指标来看：根据结果（6）和结果（8），尽管农转非变量系数符号为正但并不显著，但也反映了与城市户口劳动者相比，户籍转换劳动者倾向于高估自己的收入水平和社会地位；农转非与时间交叉项系数符号为正但大部分并不显著，表明两个群体对自身主观收入和主观社会地位的评价差异较大。

根据上述分析发现，尽管从主要观测变量来看，户籍转换劳动者与农村户口劳动者之间收入与社会地位差异的估计与数据描述比较相符，但在户籍转换劳动者与城市户口劳动者之间差异的估计方面，存在一些估计结果与前述数据统计描述不一致情况，尤其是两个群体之间 ISEI 指数的差异估计。这可能是由于该数据本身并不是来自随机试验，使用传统 DID 方法进行评估会产生偏差，因此为保证结果的可靠性，本部分进一步采取 PSM 方法进行检验。

（二）PSM 估计结果分析

1. 模型检验

使用 PSM 方法进行估计，需要对观测数据进行结构化，使其符合常规的分配机制。为使数据匹配过程满足强忽略假定条件，本部分需要对数据进行平衡性检验和共同支撑检验。

　　PSM 方法的主要目的是平衡两组样本之间的分布，平衡性检验主要是检验两组样本间解释变量差异的统计显著性。图 3-9 显示了每个变量匹配前后的变化，可以看出在未处理之前，各变量之间的差异较大，而在进行匹配之后，大部分解释变量的差异保持在 -5% ~5% 。

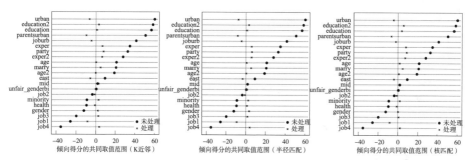

图 3-9　倾向得分的平衡性检验结果

　　由于本部分使用了 K 近邻匹配、半径匹配和核匹配这三种方法，需要对以上三种匹配方法进行检验。平衡检验结果如表 3-10 所示：总体来看，在样本进行匹配之后，标准偏差的均值下降到 3.5% ~3.9% ；在匹配之前模型的 Pseudo R^2 为 0.136，似然比检验统计量的 P 值为 0，无法拒绝联合检验的原假设；在匹配之后，模型的拟合值 Pseudo R^2 下降到 0.005~0.006，似然比检验统计量的 P 值介于 0.304~0.635，拒绝联合检验的原假设，说明模型不显著。综上所述，样本匹配满足平衡性假设。

表 3-10　　　　　　　　　　倾向得分的平衡性检验结果

变量	匹配前	K 近邻匹配 1~10 匹配	半径匹配 控制距离 =0.001	核匹配 幅宽 =0.06
Pseudo R^2	0.136	0.006	0.006	0.005
LR $-\chi^2$ 统计量	897.88	22.70	22.26	17.27
$p > \chi^2$	0.000	0.304	0.327	0.635
平均值偏差	27.5	3.9	3.8	3.5
Untreated	–	5653	5207	5653
Treated		1266	1237	1266

共同支撑检验结果见图 3 - 10，可以看出，由 K 近邻匹配、半径匹配和核匹配三种方法得出的倾向得分大部分都落入了共同取值范围内，共同支撑假设得到满足。

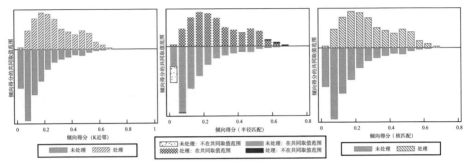

图 3 - 10　倾向得分的共同取值范围

2. 估计结果分析

根据 PSM 估计的不同劳动者户籍类型之间社会地位和收入水平差异结果见表 3 - 11。为了对不同方法估计出的结果进行比较分析，表 3 - 11 列出了三种方法估计出的结果。其中：结果（9）为 PSM 匹配前的估计；结果（10）为 DID 模型的估计，来自表 3 - 9；结果（11）至结果（13）是分别使用 K 近邻匹配、半径匹配和核匹配三种方法进行 PSM 估计的结果。

表 3 - 11　　　　　　　　社会地位、收入水平与劳动者户籍类型

变量		匹配前 i	DID：虚拟变量系数 ii	PSM：ATT（t 值）		
				K 近邻匹配 1 ~ 10 匹配	半径匹配 控制距离 = 0.001	核匹配 幅宽 = 0.06
		(9)	(10)	(11)	(12)	(13)
农转非 VS 农业	ISEI	14.134 *** (72.979)	5.421 *** (0.644)	3.986 *** (4.761)	3.787 *** (5.812)	4.608 *** (6.495)
	主观社会地位	-0.067 *** (7.197)	-0.170 *** (0.065)	-0.060 (-1.221)	-0.051 (-1.137)	-0.063 (-1.357)
	ln（收入）	0.794 *** (52.863)	0.210 *** (0.040)	0.192 *** (2.972)	0.109 * (1.915)	0.172 *** (2.855)
	主观收入	0.012 (1.228)	-0.141 ** (0.064)	0.049 (0.255)	-0.009 (-0.053)	0.013 (0.073)

变量	匹配前[i]	DID：虚拟变量系数[ii]	PSM：ATT（t 值）		
			K 近邻匹配1～10 匹配	半径匹配控制距离＝0.001	核匹配幅宽＝0.06
	(9)	(10)	(11)	(12)	(13)
农转非 VS 城市 ISEI	−1.717***(6.655)	5.236***(0.752)	1.058(0.759)	1.350(0.985)	0.798(0.589)
主观社会地位	0.169***(14.580)	0.087(0.081)	0.131*(1.820)	0.158**(2.129)	0.139**(1.974)
ln（收入）	−0.015(0.902)	−0.091**(0.041)	0.018(0.204)	0.082(1.026)	0.014(0.166)
主观收入	0.125***(10.531)	0.064(0.079)	0.148(0.464)	0.168(0.508)	0.124(0.413)

注：i 匹配前的数据的均值比较是变量分类的；ii 来自表回归。显著水平 * p < 0.1；** p < 0.05；*** p < 0.01。

从户籍转换劳动者与农村户口劳动者之间客观收入与 ISEI 指数的差异来看，尽管估计出变量系数的绝对值不同但符号都相同且显著，表明户籍转换劳动者群体与农村户口劳动者群体在实际收入水平及实际社会地位方面存在显著差异，并且使用 PSM 估计出的结果与其他方法估计出的结果除绝对值不同外，基本都支持了上述结论，证明结果是稳健的。而从主观收入与主观社会地位来看，户籍转换劳动者与农村户口劳动者群体之间的差异在不同方法估计下有一定差异，尤其是 PSM 估计出的结果均不显著，这也在一定程度上说明了劳动者对自身情况的评价带有极大的主观性，无法真实反映两个群体之间的差异。

从户籍转换劳动者群体与城市户口劳动者之间的客观收入与 ISEI 指数差异来看，匹配前估计结果与 DID、PSM 方法估计出的结果具有显著区别。结合前面数据描述分析部分，全样本情况下户籍转换劳动者与城市户口劳动者之间的客观收入与 ISEI 指数差异十分微小，因此经过数据匹配后用 PSM 方法估计出的结果均不显著，表明两个劳动者群体之间的实际收入与实际社会地位基本无差异。而从主观收入和主观社会地位的差异角度看，除主观社会地位外，主观收入差异也并不显著，表明户籍转换劳动者对自身社会地位评估是较高的，这种主观评价的提高可能来自身份转化后较之前实际地位有所提升。

研究结果显示：首先，从客观收入水平和实际社会地位（即 ISEI 指数）来看，户籍转换劳动者群体与城市户口群体之间的差异并不显著，表明户籍转换劳动者在实际收入和社会地位方面已经基本融入城市群体当中；其次，户籍转换劳动者群体在客观收入水平与实际社会地位方面平均要高于农村户口群体，表明城乡不同户籍对收入的影响依然存在；最后，从主观指标来看，农村户口劳动者群体在收入及社会地位方面的主观评价要高于户籍转换劳动者群体，而户籍转换劳动者群体则要高于城市户口群体，原因可能在于与城市相比，农村及户籍转换劳动者实际工作总收入及 ISEI 指数提升相对较快，心理上得到的满足程度较高，同时也可能来自知足者常乐的心理状态。

第五节　户籍制度改革影响城市规模体系的
微观机制：劳动者迁移

改革开放以前，严格的户籍制度阻碍了居民在城乡、城城之间的迁移，造成城镇化滞后、城市规模发展不充分，导致城市规模体系不合理。改革开放以后，不断放松的户籍制度改革促进了农村居民向城市迁移，加快了城镇化进程，推动中国城市规模体系逐步优化。从微观视角来看，户籍制度改革通过影响微观个体（即劳动者的迁移决策和方向）来影响城市规模体系。尽管户籍制度改革力度不断加大，但从本章实证研究结果来看，户籍制度对劳动者的收入、社会地位等依然存在差别，这些差别会对潜在入城群体和已经长期在城市工作但未获得当地户口的群体形成影响，构成城市规模体系不稳定的潜在因素。

1. 户籍制度改革加快了居民城镇化迁移，促进各类城市规模快速扩张

户籍制度改革放松了对城市外来人口落户的限制，在城乡经济发展水平差距较大的背景下，加快了农村人口向城市迁移，由此推进了中国的城镇化进程。如图 3－1 所示，20 世纪 90 年代中期以来是中国城镇化快速推进时期，也是户籍制度改革力度逐步加大的时期。同时，根据本书第二章的研究，1990~2010 年也是我国城市规模体系逐步趋于优化的时期。因此，总体来看，户籍制度改革放松了农村人口向城镇迁移的限制，城镇化潜力随着户籍制度改革力度的加大而逐步释放，促使各类城镇得到充分发展，城市规模体系也趋于优化。

2. 户籍制度改革促进了城市之间人口迁移，推动城市之间实现竞争性均衡

户籍制度改革不仅放松了对城乡人口迁移的限制，加快了城镇化进程，也

放松了城市之间人口迁移的限制，促进人口在城市之间自由流动。随着户籍制度的逐步放松，城市之间迁移的壁垒也逐步降低，城市之间人口流动的规模也逐渐扩大。依据空间均衡定理，城市之间人口自由流动会促使城市之间达到竞争性均衡状态，而这种状态与一般均衡内涵相似，理论上也处于帕累托最优状态。根据本书第二章实证分析结果，我国城市之间满足空间均衡定理，户籍制度改革在一定程度上推动城市之间实现竞争性均衡，优化了城市规模体系，但由于户籍制度改革并不彻底，居民迁移的制度性障碍依然存在，只是程度有所减弱。因此，尽管满足空间均衡定理，但由于户籍制度对居民迁移的阻碍依然存在，我国城市规模体系仍有进一步优化的空间。

3. 户籍制度依然会对劳动市场造成分割，导致城市规模体系不稳定

本章研究表明，经过多轮市场化改革，户籍制度对劳动力市场上的工资收入等产生的影响有所弱化，但仍是影响社会结构的重要因素。在现有户籍制度下，人口集中向东部发达地区及大城市流动加大了这些地区户籍制度改革的难度，外来人口也必然会对城市本地居民的生活、就业等形成冲击。这显然不利于中国经济社会的稳定和长期发展。中国目前的常住人口城镇化率和户籍人口城镇化率相差超过 18 个百分点，这部分外来人口的频繁变动会给城市规模体系带来不稳定。

第四章 户籍制度改革、城镇化路径与中国城市规模体系

在我国的城镇化进程中，学术界关于优先发展中小城市还是大城市始终存在争议（王小鲁，2010）。但我国在较长一段时期内始终将"优先发展小城镇、合理发展中等城市、控制大城市规模"作为城镇化路径的指导方针，并在户籍制度改革举措方面予以相应的配合。自 2014 年出台《国家新型城镇化规划（2014—2020 年）》提出"实施差别化落户政策"以后，尽管我国开始有序放松一些大城市、特大城市落户的限制，但对特大城市的人口规模始终以控制为主。基于上述背景，本章从户籍制度改革对城镇化路径的影响着手，探讨户籍制度改革影响城市规模体系的宏观机制。

第一节 户籍制度改革与城镇化路径演变

城镇化路径是指一个国家或地区城镇化进程中，人口向不同规模城市迁移的优先次序。在市场经济占据主导地位的国家或地区，城镇化路径由市场机制发挥作用。处于计划经济向市场经济转轨过程中的中国，尽管随着市场化改革的不断深入，在一些领域政府干预逐步减弱或退出，但关于城镇化路径选择方面，政府始终进行指导。

改革开放以后，随着户籍制度改革，我国逐步放松了对人口迁移的限制，城镇化进程开始恢复，关于城镇化路径的选择开始提上政府日程。从政府战略方针变迁视角来看，我国的城镇化路径大致可以分为三个阶段。

第一阶段，改革开放初期至 21 世纪初期，这一时期我国城镇化路径的总方针可以概括为"控制大城市规模，合理发展中等城市，积极发展小城市"。1980 年 10 月，全国城市规划工作会议在北京召开，首次提出"控制大城市规模，合理发展中等城市，积极发展小城市"的城镇化路径方针，并在 1984 年

国务院发布的《城市规划条例》中予以确立。进一步地，在 1989 年通过的《中华人民共和国城市规划法》中第四条以立法的形式明确"国家实行严格控制大城市规模、合理发展中等城市和小城市的方针"。为了落实这一时期的城镇化路径总方针，户籍制度改革以小城镇为重点，率先放松对小城镇落户的限制。1984 年，国务院发布《关于农民进入集镇落户问题的通知》，开始放开对农民迁入集镇的限制。1997 年，国务院批转公安部关于《小城镇户籍管理制度改革试点方案》，制定了小城镇落户的试点方案。至 2001 年，国务院批转公安部《关于推进小城镇户籍管理制度改革意见的通知》，将小城镇落户全面放开。

　　第二阶段，大致处于 2010～2018 年，"推动大中小城市和小城镇协调发展"是这一时期中国城镇化路径的总方针。2011 年 2 月，国务院办公厅发布《关于积极稳妥推进户籍管理制度改革的通知》，提出统筹大中小城市和小城镇协调发展，明确分类户口迁移政策，但对直辖市、副省级市以及其他大城市的人口规模继续合理控制。2013 年 11 月，在《中共中央关于全面深化改革若干重大问题的决定》中进一步强调要推动大中小城市和小城镇协调发展，并明确分类推进户籍制度改革的基本思路，即"全面放开建制镇和小城市落户限制，有序放开中等城市落户限制，合理确定大城市落户条件，严格控制特大城市人口规模"。为有效落实分类推进户籍制度改革的基本思路，2014 年 3 月，中共中央、国务院印发《国家新型城镇化规划（2014—2020 年）》，依据人口规模将城市划分为五类并分别确定落户条件，即城区人口 50 万人以下的小城市和建制镇全面放开落户限制，50 万～100 万人的城市有序放开，100 万～300 万人的大城市合理放开，300 万～500 万人的大城市合理确定落户条件，500 万人以上的特大城市要严格控制。2014 年 11 月，在国务院发布的《关于调整城市规模划分标准的通知》中，以城区常住人口为统计口径①，重新将城市划分为五类七档②。在新的城市分类标准下，2018 年 3 月，中华人民共和国国家发展和改革委员会（简称"国家发改委"）在《2018 年推进新型城镇化建设重点任务》中，明确提出将城区常住人口 100 万人以下的中小城市和建制镇的落户限制全面放开。总体来看，这一时期户籍制度改革以放开中小城市落

---

　　① 城区是指在市辖区和不设区的市，区、市政府驻地的实际建设连接到的居民委员会所辖区域和其他区域。

　　② 小城市：Ⅰ型小城市，城区常住人口 20 万～50 万人；Ⅱ型小城市，城区常住人口 20 万人以下。中等城市：城区常住人口 50 万～100 万人。大城市：Ⅰ型大城市，城区常住人口 300 万～500 万人；Ⅱ型大城市，城区常住人口 100 万～300 万人。特大城市：城区常住人口 500 万～1000 万人。超大城市：城区常住人口 1000 万人以上。

户限制为重点来实现推动大中小城市和小城镇协调发展的城镇化路径。

第三阶段，2019年至今，逐步确立了"以城市群、都市圈为依托促进大中小城市和小城镇协调、特色化发展"的城镇化路径总方针。2019年3月，国家发改委发布《2019年新型城镇化建设重点任务》，提出"推动城市群和都市圈健康发展，构建大中小城市和小城镇协调发展的城镇化空间格局"，同时要求全面取消Ⅱ型大城市的落户限制和全面放宽Ⅰ型大城市的落户条件。2021年3月，"十四五"规划和2035年远景目标纲要明确提出以城市群、都市圈为依托促进大中小城市和小城镇协调联动、特色化发展，为较长一段时期内中国城镇化路径定了基调。2022年3月，国家发改委发布《2022年新型城镇化和城乡融合发展重点任务》，首次提出"中心城区人口密度高且人口持续流入的超大特大城市要有序实施功能疏解"和"推进以县城为重要载体的城镇化建设"的重点任务。同年6月，国家发改委正式印发《"十四五"新型城镇化实施方案》，明确完善以城市群为主体形态、大中小城市和小城镇协调发展的城镇化格局。尽管该方案提出放开放宽除个别超大城市外的落户限制，但基本上是《2019年新型城镇化建设重点任务》中户籍政策的延续，对城区常住人口500万人以上的超大特大城市的落户政策仍旧比较谨慎。总体来看，这一时期中国的城镇化路径以促进城市群、都市圈发展为重点，与之配合的户籍制度改革也以大城市落户政策放开放宽为突破重点。

综上所述，改革开放以来，我国的城镇化路径总方针大致经历了由"严格控制大城市规模、合理发展中等城市和小城市"到"推动大中小城市和小城镇协调发展"再到"以城市群、都市圈为依托促进大中小城市和小城镇协调联动、特色化发展"的演变。为有效支持城镇化路径总方针的实施和演变，中国户籍制度逐步形成了依据城市规模为主的分类推进改革思路，即先放开集镇、小城镇的落户限制，促进小城镇发展，再有序放开中等城市落户限制和逐步放开放宽大城市落户限制；针对特大超大城市则继续以完善积分落户条件和优化疏解功能为主。

第二节　分类推进户籍制度改革的城镇化路径

工业化和城镇化是工业革命以来推动一国和地区经济社会发展的两大主要驱动力。改革开放前期，我国重点实施了以重工业为主的工业化驱动战略，对于城镇化驱动经济发展的作用存在明显认识不足。改革开放以后，我国一方面重新推进城镇化进程，另一方面又担心人口过多涌入大中型城市，造成城市就业紧张和管理混乱。基于以上考量，我国采取渐进式城镇化战略方针，按照城市规模大小，先促进人口向小城镇、中等城市迁移，再逐步放开大城市、特大城市。

根据第一部分所述，为落实城镇化路径总方针，我国重点以推进不同规模的城市实施差别化落户政策为主要手段。尽管从国家宏观战略层面看，1979 年以来的中国城镇化路径总方针可以划分为三个阶段，但从具体实施的政策举措来看，可以概括为分类推进户籍制度改革的城镇化路径，具有以下四个主要特征。

第一，率先放开小城市和建制镇的落户限制。根据表 4 - 1，对于农村居民迁入城镇限制的放开，首先是从集镇开始，一直到 2001 年从国家层面才正式放开对小城镇落户的限制。从 1984 年放开农民迁入集镇，到 2001 年全面放开小城镇落户，历经近 18 年的改革进程，表现出这一时期我国对户籍制度改革的谨慎和对城镇化速度的控制。

表 4 - 1　　　　　　　　改革开放以后户籍政策与城镇化路径

年份	政策文件及主要内容	城镇化路径总方针
1984 年 10 月	《关于农民进入集镇落户问题的通知》 放开农民迁入集镇	严格控制大城市规模、合理发展中等城市和小城市
1997 年 5 月	《小城镇户籍管理制度改革试点方案》 小城镇已有合法稳定的非农职业或已有稳定的生活来源，而且在有了合法固定住所后居住已满两年的，可以办理城镇常住户口	
2001 年 3 月	《关于推进小城镇户籍管理制度改革意见的通知》 全面放开小城镇落户	
2011 年 2 月	《关于积极稳妥推进户籍管理制度改革的通知》 统筹大中小城市和小城镇协调发展；分类明确户口迁移政策；继续合理控制直辖市、副省级市和其他大城市人口规模	推动大中小城市和小城镇协调发展
2013 年 11 月	《中共中央关于全面深化改革若干重大问题的决定》 推动大中小城市和小城镇协调发展；全面放开建制镇和小城市落户限制，有序放开中等城市落户限制，合理确定大城市落户条件，严格控制特大城市人口规模	
2014 年 3 月	《国家新型城镇化规划（2014—2020 年）》 实施差别化落户政策；全面放开建制镇和小城市落户限制，有序放开城区人口 50 万 ~ 100 万人的城市落户限制，合理放开城区人口 100 万 ~ 300 万人的大城市落户限制，合理确定城区人口 300 万 ~ 500 万人的大城市落户条件，严格控制城区人口 500 万人以上的特大城市人口规模	

续表

年份	政策文件及主要内容	城镇化路径总方针
2018 年 3 月	《2018 年推进新型城镇化建设重点任务》 中小城市和建制镇要全面放开落户限制。大城市对参加城镇社保年限的要求不得超过 5 年，其中Ⅱ型大城市不得实行积分落户，有条件的城市要进一步降低社保年限要求；Ⅰ型大城市中实行积分落户的要大幅提高社保和居住年限的权重，鼓励取消年度落户数量限制。超大城市和特大城市要区分城区、新区和所辖市县，制定差别化落户条件，探索搭建区域间转积分和转户籍通道	推动大中小城市和小城镇协调发展
2019 年 2 月	《关于培育发展现代化都市圈的指导意见》 放开放宽除个别超大城市外的城市落户限制，在具备条件的都市圈率先实现户籍准入年限同城化累积互认，加快消除城乡区域间户籍壁垒	
2019 年 3 月	《2019 年新型城镇化建设重点任务》 推动城市群和都市圈健康发展，构建大中小城市和小城镇协调发展的城镇化空间格局 在此前城区常住人口 100 万人以下的中小城市和小城镇已陆续取消落户限制的基础上，城区常住人口 100 万~300 万人的Ⅱ型大城市要全面取消落户限制；城区常住人口 300 万~500 万人的Ⅰ型大城市要全面放开放宽落户条件；超大特大城市要调整完善积分落户政策	
2020 年 4 月	《2020 年新型城镇化建设和城乡融合发展重点任务》 督促城区常住人口 300 万以下城市全面取消落户限制；推动城区常住人口 300 万以上城市基本取消重点人群落户限制；推动超大特大城市和Ⅰ型大城市改进积分落户政策	以城市群、都市圈为依托促进大中小城市和小城镇协调联动、特色化发展
2021 年 3 月	《中华人民共和国国民经济和社会发展第十四个五年规划和 2035 年远景目标纲要》 以城市群、都市圈为依托促进大中小城市和小城镇协调联动、特色化发展 全面取消城区常住人口 300 万人以下的城市落户限制，确保外地与本地农业转移人口进城落户标准一视同仁。全面放宽城区常住人口 300 万人至 500 万人的Ⅰ型大城市落户条件。完善城区常住人口 500 万人以上的超大特大城市积分落户政策	
2021 年 4 月	《2021 年新型城镇化和城乡融合发展重点任务》 城区常住人口 300 万人以下城市落实全面取消落户限制政策；促进超大特大城市优化发展；合理降低开发强度和人口密度	
2022 年 3 月	《2022 年新型城镇化和城乡融合发展重点任务》 城区常住人口 300 万人以下城市落实全面取消落户限制政策；促进超大特大城市优化发展，中心城区人口密度高且人口持续流入的超大特大城市要有序实施功能疏解；推进以县城为重要载体的城镇化建设	

续表

年份	政策文件及主要内容	城镇化路径总方针
2022 年 6 月	《"十四五"新型城镇化实施方案》 完善以城市群为主体形态、大中小城市和小城镇协调发展的城镇化格局 放开放宽除个别超大城市外的落户限制；全面取消城区常住人口 300 万以下的城市落户限制；全面放宽城区常住人口 300 万至 500 万人的 Ⅰ 型大城市落户条件；完善城区常住人口 500 万人以上的超大特大城市积分落户政策	以城市群、都市圈为依托促进大中小城市和小城镇协调联动、特色化发展

资料来源：作者整理。

　　第二，有序放开中等城市的落户限制。在全面放开中小城镇落户之后，直到 2013 年，中共中央在《关于全面深化改革若干重大问题的决定》中才提出有序放开中等城市落户限制。2014 年，中共中央、国务院发布《国家新型城镇化规划（2014—2020 年）》，将中等城市规模标准划分为城区常住人口 50 万～100 万人，但对中等城市落户限制的要求仍是"有序放开"。直至 2018 年，国家发改委发布《2018 年推进新型城镇化建设重点任务》，明确对中等城市提出"全面放开落户限制"的要求。

　　第三，分类放开放宽大城市的落户限制。为合理确定大城市落户条件，我国将大城市划分为 Ⅰ 型大城市（城区常住人口 300 万～500 万人）和 Ⅱ 型大城市（城区常住人口 100 万～300 万人）两类进行分别施策。针对 Ⅱ 型大城市，国家发改委在《2019 年新型城镇化建设重点任务》中明确要全面取消落户限制，并督促各地加快落实。针对 Ⅰ 型大城市，国家发改委在《2019 年新型城镇化建设重点任务》中提出要全面放开放宽落户条件，在《2020 年新型城镇化建设和城乡融合发展重点任务》中则进一步提出要基本取消重点人群落户限制①，在 2021 年发布的"十四五"规划纲要中则提出全面放宽落户条件，此后在 2022 年出台的《"十四五"新型城镇化实施方案》中也是继续落实全面放宽落户条件的基本要求。总体来看，我国已经全面放开 Ⅱ 型大城市的落户限制，但针对 Ⅰ 型大城市的落户条件则经历了由全面放开放宽到全面放宽政策方向的转变，表明我国对 Ⅰ 型大城市的人口规模还是以合理控制为主。

　　第四，优化控制超大特大城市人口规模。针对城区常住人口 500 万人以上的超大特大城市，在 2013 年《中共中央关于全面深化改革若干重大问题的决定》以及 2014 年《国家新型城镇化规划（2014—2020 年）》中，都是采取严

———————————

　　①　从各地具体实施来看，重点人群基本可以界定为各地制定的人才引进群体。

格控制的方针。2018 年 3 月，国家发改委在《2018 年推进新型城镇化建设重点任务》中提出超大城市和特大城市要区分城区、新区和所辖市县，制定差别化落户条件，不再提严格控制。接着，国家发改委在《2019 年新型城镇化建设重点任务》和《2020 年新型城镇化建设和城乡融合发展重点任务》中都是提出以完善、改进积分落户政策作为超大特大城市的户籍制度改革方向。此后，在国家"十四五"规划纲要、《2021 年新型城镇化和城乡融合发展重点任务》《2022 年新型城镇化和城乡融合发展重点任务》以及《"十四五"新型城镇化实施方案》等政策文件中，我国针对超大特大城市都是以优化发展、积极破解大城市病为主要方向，以完善积分落户政策为主要手段，有序疏解超大特大城市中心城区非核心功能，合理降低开发强度和人口密度。总体来看，在"十四五"甚至是未来较长一段时期内，我国针对超大特大城市还是会以控制人口规模为主，对超大特大城市放开落户限制则始终较为谨慎。

第三节　实施分类推进户籍制度改革城镇化路径的内在机制

本部分从城市人口规模增长的角度分析中国实施分类推进户籍制度改革城镇化路径的内在原因。

一、户籍制度无法控制大城市规模扩张

（一）模型与数据

为验证户籍制度对城市规模的影响，本书通过借鉴巴罗和萨拉－伊－马丁（1992）建立的经济增长模型，构建城市规模增长模型分析影响中国城市规模增长的主要因素，以探究当前中国城市规模体系分布特征的内在机制。具体如式（4-1）所示。

$$\ln(P_{it+1}/P_{it}) = \beta_0 + \beta_1 Hukou_{it} + \beta_2 Agglomeration_{it} + \beta_3 X_{it} + \varepsilon_i \quad (4-1)$$

其中，Hukou 表示户籍限制程度，以"户籍率"[①]作为代理指标（邹一南等，2014），根据年猛和王垚（2016）的研究，中国城市户籍限制严格程度与其行政等级之间存在正相关关系，因此，本书也使用行政等级作为户籍限制的

---

① 户籍率＝户籍人口/常住人口，该指标越小，表明户籍限制程度就越严格。

代理变量进行稳健性分析；Agglomeration 表示集聚经济效应，由于市场推动城市规模增长主要通过集聚经济作用来实现，借鉴奥和亨德森（Au and Henderson，2006）的研究，本书使用市场潜力指数①作为反映集聚经济效应发挥程度的代理指标；X 表示其他影响城市规模增长的控制变量，如自然条件、人力资本、产业结构等②。

本部分以地级及以上城市为样本，在数据方面继续使用第二章已经使用的全国人口普查数据，并基于实证分析需要还使用了相关年份的国家卫生健康委员会发布的《中国流动人口动态监测调查数据》、中国社会科学院社会学研究所发布的《中国社会状况综合调查》以及各省、自治区、直辖市气候资料处理部门逐月上报的《地面气象记录月报表》等数据。主要数据描述如下。

表 4 - 2　　　　　　　　　　　主要数据描述

变量	年份	观测值	均值	标准差	最小值	最大值
市辖区常住人口（人）	1990	287	1083717	1488261	109987	13635285
	2000	287	1342397	1845097	159541	14972820
	2010	287	1657013	2465491	211151	22315474
市辖区户籍人口（人）	2000	287	1181232	1533854	119973	14449122
	2010	287	1347425	1711199	158947	15612594
实际人均 GDP（元）	1990	276	1732.02	1278.78	210.54	10295.68
	2000	276	4792.38	3461.56	53.52	20826.47
	2010	276	15118.89	10161.91	146.29	58172.25
直辖市［虚拟变量］	—	287	0.01	0.10	0	1
副省级市 + 省会城市［虚拟变量］	—	287	0.03	0.18	0	1
省会城市［虚拟变量］	—	287	0.06	0.24	0	1

---

① 市场潜力计算公式为：$MP_r = \sum_{s=1}^{R} \left(\frac{E_s I_s}{T_{rs}^{\sigma_y - 1}} \right)$，$E_s$ 表示 s 城市的支出水平（本书采用市辖区 GDP 进行计算）；I_s 为价格指数，本书将其标准化为 1；城市 r 和 s 之间的运输成本为 $T_{rs} = \zeta_r d_{rs}^{\kappa}$（以两个城市市中心的距离衡量）；本地运输成本 $d_{rr} = 2/3\pi^{-0.5} area^{0.5}$（area 为本地城市面积），同时设定 $T_{rr} = 1$，从而得出 $\zeta_r = d_{rr}^{-\kappa}$；κ 取值 0.82，$\sigma_y$ 取值 2。

② 自然条件变量包括是否沿海（以是否拥有海岸线来表示）、城市的一月平均最低气温、七月平均最高气温和日平均降水量四个指标；人力资本用万人拥有大学生数表示；产业结构以第二产业、第三产业比表示。

续表

变量	年份	观测值	均值	标准差	最小值	最大值
副省级市〔虚拟变量〕	—	287	0.02	0.13	0	1
户籍限制城市〔虚拟变量〕	—	287	0.12	0.33	0	1
东部城市〔虚拟变量〕	—	287	0.42	0.49	0	1
中部城市〔虚拟变量〕	—	287	0.28	0.45	0	1
西部城市〔虚拟变量〕	—	287	0.30	0.46	0	1
沿海城市〔虚拟变量〕	—	287	0.18	0.39	0	1
一月平均最低气温（℃）	1990	285	-4.11	10.03	-30.35	17.34
	2000	287	-3.87	9.92	-29.94	17.55
七月平均最高气温（℃）	1990	285	30.43	2.81	19.86	34.74
	2000	287	30.49	2.71	20.18	34.63
万人拥有大学生人数（人/万人）	1990	287	52.38	79.46	3.74	675.69
	2000	287	108.00	123.94	8.96	924.83
第二产业与第三产业总产值比	1990	258	1.55	0.90	0.34	8.31
	2000	287	1.25	0.85	0.13	10.56
人均财政支出（元/人）	1990	254	170.60	225.35	38.66	3167.13
	2000	276	374.97	292.39	5.58	2057.55
市场潜力指数	1990	286	1794.75	573.90	249.22	5020.57
	2000	286	5990.63	1912.94	887.62	16280.01

数据来源：作者依据《中国统计年鉴》《中国城市统计年鉴》等相关资料计算得出。

（二）实证结果分析

首先，使用式（4-1）检验户籍率与城市规模之间的关系。回归结果显示（见表4-3）：户籍率与城市人口增长率呈显著负相关关系，即户籍限制越松的城市，人口增长率越低，而户籍限制越严的城市，人口增长率越高；根据回归结果（4），在控制住区域、自然条件、产业结构、集聚经济等因素的影响下，户籍率每增加一个单位（即户籍限制越松），城市人口增长率降低7%。以上回归结果表明，户籍制度并没有限制城市规模扩张，反而出现"户籍限制越严格、城市规模扩张速度越快"的现象。其原因主要在于：一方面，户籍限制程度与城市规模存在正相关关系，城市规模越大，户籍限制程度也越严格，如北京、上海不仅户籍限制最严格，人口规模也最大（汪立鑫等，2010）；另一方面，从人口流向来看，根据本书第一章的描述，人口主要流向规模较大的大城市、超大城市和特大城市，而中小城市吸引外来人口的能力较弱，甚至普遍出现人口流失现象。

表 4 - 3　　　　　　户籍限制与人口增长（2000 ~ 2010 年）

变量		被解释变量：ln（总人口$_{2010}$/总人口$_{2000}$）			
		（1）	（2）	（3）	（4）
户籍率		−0.127** (0.054)	−0.113** (0.052)	−0.093*** (0.032)	−0.070*** (0.027)
区域	中部城市	−0.007 (0.024)	0.008 (0.027)	0.011 (0.022)	0.004 (0.025)
	西部城市	−0.071*** (0.025)	−0.072** (0.034)	−0.003 (0.027)	−0.051 (0.032)
自然条件	沿海城市		0.084*** (0.028)		0.066** (0.028)
	一月最低气温		0.003 (0.002)		0.008*** (0.002)
	七月最高气温		0.010* (0.006)		0.001 (0.004)
	ln（平均降水量）		−0.111*** (0.024)		−0.097*** (0.022)
其他因素	产业结构			−0.002 (0.010)	−0.002 (0.009)
	ln（人均财政支出）			−0.050 (0.034)	−0.032 (0.035)
	ln（集聚经济）			0.080*** (0.028)	0.116*** (0.027)
	ln（万人拥有大学生）			0.074*** (0.016)	0.103*** (0.015)
	ln（基期人均 GDP）			0.085** (0.034)	0.042 (0.035)
	ln（基期人口数）	−0.021 (0.015)	−0.025* (0.014)	−0.068*** (0.015)	−0.087*** (0.015)

续表

变量	被解释变量：$\ln$（总人口$_{2010}$/总人口$_{2000}$）			
	（1）	（2）	（3）	（4）
常数项	0.343 * (0.199)	0.443 (0.312)	-0.867 * (0.469)	-0.290 (0.468)
观测值	287	287	275	275
R^2	0.097	0.192	0.259	0.361
R^2_a	0.0840	0.168	0.234	0.329

注：括号内的数字是估计系数稳健的标准误（robust standard errors in parentheses），显著水平 * $p <$ 0.1；** $p < 0.05$；*** $p < 0.01$。

通过对近年来中国城镇化及城市发展进行研究，魏后凯（2014）认为我国对大城市规模的控制政策基本失灵，原因在于中国城市体系的行政等级化。中国城市一般分为直辖市、副省级市、地级市、县级市和建制镇五个行政等级[①]，行政等级越高的城市，其配置各类市场资源的能力就越强，吸引外来人口的能力就越强，城市规模也越大，户籍制度也更加严格。行政等级、户籍限制与城市规模之间的逻辑关系见图 4 - 1。本书借鉴年猛和王垚（2016）的研究思路，采用城市行政等级作为户籍限制程度的代理变量进行稳健性检验。

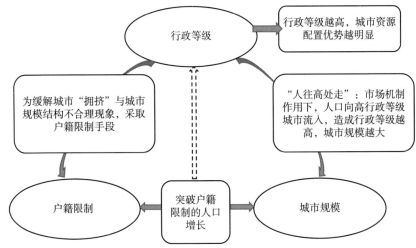

图 4 - 1 行政等级、户籍限制与城市规模之间的逻辑关系

资料来源：年猛和王垚（2016）的研究。

---

① 尽管一些省会城市在行政建制上划分为地级市这一级别，但因其是全省政治中心，往往在省内资源配置上享有优先权，因此本书在实证分析中将省会城市与副省级市作为同一级别进行研究。

根据表4-4可以发现：在控制住经济以及自然条件等因素的情况下，副省级市及以上城市的估计系数基本上显著为正，表明这些城市比一般地级城市有着更高的人口规模增长率；除此之外，高行政等级的估计系数也显著大于集聚经济的估计系数，表明行政等级对城市规模增长的影响超过集聚经济效应。为增强估计结果的可靠性，本书又进一步估计了2000~2010年城市外来人口增长率的影响因素[①]（结果见表4-5）。从对影响外来人口规模的增长率来看，直辖市具有显著的吸引外来人口的优势，尽管其他行政变量并不显著，但也基本为正，表明与一般地级市相比，高行政等级吸引外来人口的能力较强，这也与现实情况相符。

表4-4　　　　　　　　　　中国城市规模增长影响因素分析

变量		城市规模增长率					
		1990~2000年		2000~2010年		1990~2010年	
		(5)	(6)	(7)	(8)	(9)	(10)
城市制度体系	直辖市	0.314*** (0.113)	0.013 (0.136)	0.313*** (0.072)	0.179*** (0.067)	0.634*** (0.162)	0.320* (0.175)
	省会城市+副省级市	0.300*** (0.066)	0.017 (0.092)	0.224*** (0.042)	0.105** (0.051)	0.521*** (0.080)	0.187* (0.108)
	省会城市	0.324*** (0.053)	0.071 (0.082)	0.274*** (0.035)	0.159*** (0.046)	0.574*** (0.061)	0.270*** (0.094)
	副省级市	0.439** (0.212)	0.225 (0.186)	0.245*** (0.054)	0.140*** (0.052)	0.660*** (0.228)	0.433** (0.208)
经济因素	Ln集聚经济	0.013 (0.050)	0.099* (0.057)	0.074*** (0.026)	0.108*** (0.027)	0.078 (0.053)	0.163*** (0.062)
	Ln人力资本		0.154*** (0.043)		0.071*** (0.020)		0.183*** (0.045)
	产业结构		-0.011 (0.020)		0.015* (0.009)		0.005 (0.025)
	Ln人均财政支出		-0.021 (0.045)		0.013 (0.013)		-0.058 (0.055)
	Ln基期人口	-0.138*** (0.030)	-0.176*** (0.035)	-0.077*** (0.018)	-0.089*** (0.017)	-0.213*** (0.035)	-0.256*** (0.039)

---

① 城市外来人口=城市常住人口-城市本地户籍人口。由于1990年人口普查统计未能纳入常住人口统计，因此这部分估计剔除1990年。

续表

变量		城市规模增长率					
		1990~2000 年		2000~2010 年		1990~2010 年	
		(5)	(6)	(7)	(8)	(9)	(10)
自然条件	沿海	0.119 ** (0.053)	0.124 ** (0.052)	0.135 *** (0.026)	0.102 *** (0.025)	0.251 *** (0.061)	0.238 *** (0.062)
	一月平均气温	0.001 (0.002)	0.006 *** (0.002)	-0.000 (0.002)	0.004 ** (0.002)	0.001 (0.003)	0.009 *** (0.003)
	七月平均气温	0.010 * (0.005)	-0.002 (0.007)	0.019 *** (0.005)	0.010 *** (0.003)	0.028 *** (0.007)	0.010 (0.008)
	Ln 平均降水量	-0.031 (0.030)	-0.017 (0.028)	-0.053 *** (0.020)	-0.048 ** (0.019)	-0.078 ** (0.036)	-0.066 ** (0.033)
C		1.696 *** (0.430)	1.358 ** (0.544)	0.114 (0.291)	0.004 (0.264)	1.945 *** (0.514)	1.619 *** (0.585)
N		284	251	286	275	284	251
R^2		0.166	0.257	0.290	0.355	0.319	0.389
R^2_a		0.136	0.216	0.264	0.323	0.294	0.356

注：括号内的数字是估计系数稳健的标准误（robust standard errors in parentheses）；显著水平 * $p <$ 0.1，** $p < 0.05$，*** $p < 0.01$。

综合以上分析，可以得出以下结论：行政等级化城市体系对城市规模具有显著影响，并且与一般地级城市相比，副省级及以上城市规模增长率更高、吸引外来人口能力更强；与此同时，与市场机制下促进城市规模扩张的重要作用——集聚经济相比，行政等级制度的影响更强。此处的分析也验证了户籍制度无法限制大城市人口增长的结论。

从经济学的角度，城市是经济活动在地理空间上高度聚集而形成的。除自然条件、政府干预等因素，在市场机制下，经济活动聚集会产生正的外部性（如知识溢出、信息共享等），即集聚经济，同时也会产生负的外部性（如交通拥挤、环境污染等），即集聚不经济①。理论上，在一个城市发展过程中，当集聚经济效应始终存在时则该城市的规模会一直处于不断扩张的状态，当集聚经济效应被集聚不经济效应所抵消或超过之后，该城市规模的扩张就会处于

————————

① 此外，集聚经济也称为规模经济，集聚不经济也称为规模不经济。

停滞或萎缩状态。由此可见，集聚经济和集聚不经济效应是市场推动城市形成与规模扩张的主要作用机制。

我们进一步通过分析集聚经济效应对城市规模增长的影响来间接考察市场机制对中国城市规模分布形成的影响。根据表4－4可以发现：在控制住城市行政等级、自然条件以及人力资本、产业结构等其他因素的情况下，结果（6）、结果（8）和结果（10）表明集聚经济效应显著促进了城市人口规模的增长；此外，尽管集聚效应的作用显著弱于城市行政等级制度的影响，但从时间趋势来看［见结果（6）和结果（8）］，与1990～2000年相比，2000～2010年集聚经济效应的作用在逐渐增强，表明市场力量呈逐年增强的趋势。除此之外，尽管集聚经济对外来人口增长率的影响并不显著，但符号为正（见表4－5），也在一定程度上表明聚集经济效应对吸引外来人口具有正向作用。

表4－5　　　　　　　　中国城市外来人口规模增长因素分析

变量		外来人口增长率（2000～2010年）				
		OLS			Heckman[①]	
		（11）	（12）	（13）	（14）	（15）
城市制度体系	直辖市	0.715 ** (0.357)	0.705 ** (0.342)	1.119 *** (0.422)	0.641 ** (0.297)	1.154 *** (0.380)
	省会城市＋副省级市	0.202 (0.252)	0.350 (0.272)	0.759 ** (0.334)	0.037 (0.219)	0.408 (0.280)
	省会城市	−0.085 (0.178)	0.068 (0.191)	0.436 (0.297)	−0.119 (0.177)	0.233 (0.237)
	副省级市	0.161 (0.211)	0.032 (0.211)	0.273 (0.261)	0.041 (0.195)	0.394 (0.252)
经济因素	Ln 集聚经济	0.194 (0.223)	0.293 (0.220)	0.046 (0.250)		0.097 (0.210)
	Ln 人力资本			−0.389 ** (0.189)		−0.371 *** (0.134)
	产业结构			−0.069 (0.053)		−0.097 *** (0.035)

---

　　① 由于一些城市（尤其是经济欠发达的地级市）存在户籍人口大于常住人口的情况（即人口外流），此时外来人口增长率为负，直接进行 OLS 回归会产生样本选择性偏误。因此，本书使用 Heckman 选择模型，采用 Heckman 极大似然法（MLE）进行估计。

续表

变量		外来人口增长率（2000～2010年）				
		OLS			Heckman	
		（11）	（12）	（13）	（14）	（15）
经济因素	Ln 人均财政支出			0.073 (0.163)		−0.079 (0.139)
	Ln 基期人口	−0.116 (0.112)	−0.198 (0.120)	−0.087 (0.144)	−0.136 (0.126)	−0.194* (0.114)
自然条件	沿海		0.382** (0.186)	0.352 (0.215)	0.049 (0.193)	−0.001 (0.177)
	一月平均气温		−0.000 (0.013)	−0.007 (0.016)	−0.023 (0.016)	−0.025 (0.015)
	七月平均气温		0.051 (0.035)	0.051 (0.053)	0.047 (0.046)	0.046 (0.042)
	Ln 平均降水量		−0.055 (0.178)	−0.080 (0.180)	0.339** (0.169)	0.313* (0.181)
C		0.654 (2.530)	−0.556 (2.408)	2.161 (3.261)	0.175 (2.795)	2.199 (2.979)
N		192	192	184	261	258
R^2/ll		0.019	0.055	0.084	−301.1	−289.5
R^2_a/chi2_c		−0.0129	0.00249	0.0135	0.570	0.222

注：括号内的数字是估计系数稳健的标准误（robust standard errors in parentheses）；显著水平 * $p <$ 0.1，** $p < 0.05$，*** $p < 0.01$。

二、户籍制度改革成本与城市规模正相关

户籍制度改革成本一般涵盖三个维度，即市民化成本、城市之间福利差异成本以及制度变迁引致的非资金成本。

（一）市民化成本

市民化，即农村农民转换为城市市民的过程，包括本地农民市民化和外来农民工市民化。由于中国居民在教育、医疗、养老等基本公共服务领域以及其他生产生活领域存在较大的城乡差异，导致市民化会带来一定的成本。从市民化自身所蕴含的意义来看，市民化成本应涵盖以下方面。

　　第一，市民化成本应覆盖城乡居民收入差异。中国城乡居民收入差距较大的基本现实对推进市民化带来一定的挑战。根据 1949～2018 年中国城乡居民收入变动情况（图 4-2）可知，城乡收入差距较大是新中国成立伊始的基本国情。1949 年，中国城镇居民家庭人均可支配收入为 99.5 元，农村居民家庭人均纯收入为 44 元，城乡收入比达 2.26，城乡居民收入差距依然超过发展中国家的平均水平。1949～1978 年，由于城市居民收入增速小幅高于农村地区，这一时期城乡收入比由 2.26 小幅增加至 2.57。随着改革开放初期的重点在于释放农村活力，1978～1993 年农村居民收入增速显著高于城市地区，城乡收入比也由 2.57 降至 1.82，这是新中国成立 70 多年来城乡收入差距最小的时期。此后在沿海开放战略及城市偏向政策作用下，城市居民收入开始大幅增长，城乡收入比也由 1993 年的 1.82 上升至 2002 年的 3.11。城乡收入差距过大引起政府高度重视，从 2002 年政府开始实施由 "城乡统筹" 到 "城乡融合" 的发展战略，城乡收入比在原有趋势的惯性下攀升至 3.33 后开始下降，至 2018 年已经达到 2.69，略高于改革开放初期。尽管 2009 年以来我国在缩小城乡收入差距方面取得了显著的成效，尤其是党的十八大以来，2013～2018 年农村居民人均

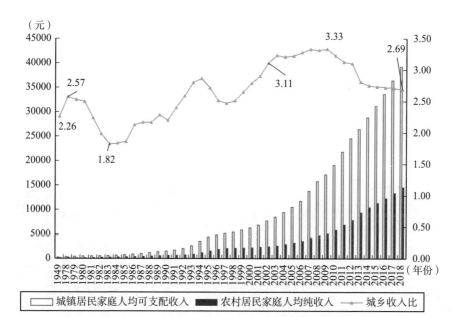

图 4-2　1949～2018 年中国城乡居民收入变动情况

　　注：数据主要来源于国家统计局数据库（http://data.stats.gov.cn）及相关《中国统计年鉴》；2013 年及以后的数据来源于国家统计局开展的城乡一体化住户收支与生活状况调查，与 2013 年之前数据的口径有所不同。

可支配收入年均实际增长 7.7%，比同期城镇居民人均可支配收入 6.3% 的年均实际增长率要高出 1.4 个百分点，但从绝对差距来看，城乡收入差距从 1985 年以来一直呈增加的趋势。

此外，从城乡居民收入构成来看（表 4-6），近年来农民增收主要源于工资性收入和转移净收入。2013~2018 年农村居民人均可支配收入中工资性收入占比由 38.7% 增加至 41%，转移净收入占比由 17.5% 增加至 20%。与城市居民收入构成相比，农村居民财产净收入占比较少，贡献率微乎其微。随着中国已经步入经济新常态，宏观经济增速放缓以及机器人等资本替代将减少对农民工的需求（魏后凯，2016），农民工资性收入的增长趋势将很可能面临反转。而农民家庭经营性和财产性收入则受制于农产品价格的"天花板"效应以及集体土地等制度的约束，难以实现大幅增长。由此可见，新常态下农民收入增速连续多年高于城市居民的态势将面临诸多挑战，农民增收空间受到进一步压缩。在农民增收空间压缩的背景下，在市民化过程中，尤其是在政府主导推动的市民化过程中，必然会增加对自身土地、房屋等财产的补偿，从而提高市民化成本。

表 4-6 2013~2018 年城乡居民收入构成

收入构成			2013 年	2014 年	2015 年	2016 年	2017 年	2018 年
城镇居民收入构成（人均）	工资性收入	数额（元）	16617	17937	19337	20665	22201	23792
		占比（%）	62.80	62.20	62.00	61.50	61.00	60.60
	经营净收入	数额（元）	2975	3279	3476	3770	4065	4443
		占比（%）	11.20	11.40	11.10	11.20	11.20	11.30
	财产净收入	数额（元）	2552	2812	3042	3271	3607	4028
		占比（%）	9.60	9.70	9.80	9.70	9.90	10.30
	转移净收入	数额（元）	4323	4816	5340	5910	6524	6988
		占比（%）	16.30	16.70	17.10	17.60	17.90	17.80
农村居民收入构成（人均）	工资性收入	数额（元）	3653	4152	4600	5022	5498	5996
		占比（%）	38.70	39.60	40.30	40.60	40.90	41.00
	经营净收入	数额（元）	3935	4237	4504	4741	5028	5358
		占比（%）	41.70	40.40	39.40	38.30	37.40	36.70
	财产净收入	数额（元）	195	222	252	272	303	342
		占比（%）	2.10	2.10	2.20	2.20	2.30	2.30
	转移净收入	数额（元）	1648	1877	2066	2328	2603	2920
		占比（%）	17.50	17.90	18.10	18.80	19.40	20.00

数据来源：国家统计局数据库（http://data.stats.gov.cn）。

第二，市民化成本应覆盖城乡基本公共服务差距。尽管近年来中国在居民医疗、教育、养老、社会保障等基本公共服务方面实现了城乡全覆盖，也加大了各级财政对农村的投入力度，但从人均占有资源上看，农村与城市之间的基本公共服务差距依然较大。以医疗卫生为例（见表4-7），2010~2016年，城镇职工基本医保支出呈逐年增加趋势，而新型农村合作医疗支出则从2016年开始连续两年下降，两者之比也由2010年的2.76倍增加至2016年的4.52倍；而从每千人医疗卫生机构床位数来看，城乡之间的差距基本保持在2倍左右。此外，从总体卫生费用来看，农村人均卫生费用2010~2014年增长2.1倍，但由于基数低，2014年农村人均卫生费用仅为城市的39.8%。

表4-7　　　　　　　　中国城乡医疗卫生基本情况比较

年份	医疗保险支出（人均/元）		医疗卫生机构床位数（每千人口/张）		卫生费用（人均/元）	
	城镇职工基本医保	新型农村合作医疗	城市	农村	城市	农村
2010	488.5	177.0	5.94	2.6	2315.5	666.3
2011	—	—	—	—	2688.5	879.4
2012	—	—	6.88	3.11	2989.6	1064.8
2013	797.4	462.1	7.36	3.35	3234.1	1274.4
2014	893.9	467.2	7.84	3.54	3547.4	1412.2
2015	976.6	486.1	8.27	3.71	—	—
2016	1045.0	231.2	8.41	3.91	—	—
2017	—	130.8	8.75	4.19	—	—

注：（1）人均医疗保险支出和卫生费用按照城乡常住人口进行计算；（2）"—"为数据缺失。
资料来源：2018年《中国卫生健康统计年鉴》。

第三，在就地就近城镇化过程中，市民化成本还应覆盖城乡基础设施差距。在推进农村基础设施建设方面，城乡差距依然较大，不同级别的行政区也有较大差别。从2017年中国各级行政区市政公用设施情况来看（见表4-8），在用水普及率、燃气普及率、生活垃圾处理率等市政设施普及率方面，基本上是城市最高，随后依次是县城、建制镇、乡和村庄；而在人均市政公用设施建设投入方面也不均衡（魏后凯，2014；年猛和王垚，2016）。

表 4 - 8　　　　　　　**2017 年中国各级行政区市政公用设施基本建设情况**

区域	用水普及率（%）	燃气普及率（%）	人均道路面积（平方米）	污水处理率（%）	生活垃圾处理率（%）	人均市政公用设施建设投入（元）
城市	98.3	96.3	16.1	94.54	99.00	4808.88
县城	92.9	81.4	17.2	90.21	96.11	2593.42
建制镇	88.1	52.1	13.8	49.35	87.19	1113.48
乡	78.8	25.0	15.7	17.19	72.99	732.52
村庄	75.5	27.0	28.9	20.00	—	374.64

注：（1）建制镇、乡、村庄为"供水普及率"；（2）村庄污水处理率为 2016 年数据，2017 年《中国城乡建设统计年鉴》未进行统计；（3）城市和县城为"市政公用设施建设固定资产投资"；（4）人均和普及率指标使用的人口分别按城区人口、县城人口、建制镇和乡建成区户籍人口、村庄户籍人口加上暂住人口计算。

数据来源：2016 年和 2017 年《中国城乡建设统计年鉴》。

综合以上分析，市民化成本应涵盖城乡居民收入差距、基本公共服务差距以及基础设施差距，对于大城市来说，这些差距的绝对数量大，农村居民对于身份转换的预期收益也越来越大，导致村居"拆建成本"越来越高，造成政府负担越来越重，在一定程度上也制约了政府尤其是大城市政府推进市民化的积极性。根据建设部调研组（2006）的调查，中国不同规模城市市民化成本差异较大，其中，小城市平均 2 万元/人，中等城市平均 3 万元/人，大城市平均 6 万元/人，而特大城市平均 10 万元/人。根据魏后凯和陈雪原（2014）的研究，作为特大城市的北京，集中城镇化地区农民整建制市民化平均一次性成本高达近 50 万元/人，而非集中城镇化地区约 20 万元/人。因此，总体来看，一个城市的市民化成本与人口规模呈正相关关系，即城市规模越大，市民化成本越高。

（二）城市之间福利差异成本

除城乡之间经济发展水平差距导致市民化存在较大成本以外，由于中国各区域、城市之间发展也不平衡，居民从发展水平相对落后的城市迁至发展水平相对较高的城市且户籍发生转换时，个体的福利水平提高，但会对落户城市的总体福利产生冲击，加重其财政负担。

与小城市相比，大城市往往就业机会多、工资高，对劳动者群体吸引力较高。如图 4 - 3 所示，总体来看，中国城镇非私营单位在岗职工平均工资与城市规模成正比，即城市规模越大，职工平均工资水平越高。

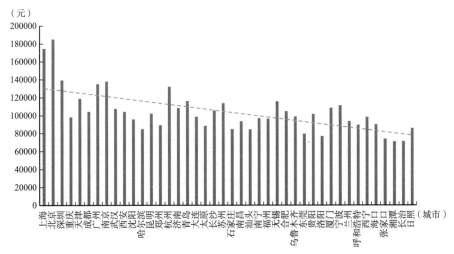

图 4 - 3　2020 年中国主要城市城镇非私营单位在岗职工平均工资

数据来源：2021 年《中国城市统计年鉴》。

与各城市之间户籍相关的教育、医疗等基本公共服务水平的差异是中国居民最为关注的。根据表 4 - 9，从中国主要城市文化设施和医疗卫生概况来看，城市规模越大，文化设施和医疗卫生水平往往越高。

表 4 - 9　　　　　　　2020 年中国主要城市文化设施和医疗卫生概况

城市	规模	文化设施		医疗卫生		
		公共图书馆图书藏量（万册）	博物馆数（个）	医院数（个）	医院床位数（张）	执业（助理）医师数（人）
上海	超大城市	8092	149	398	143638	78364
北京	超大城市	7241	183	733	119310	118541
深圳	超大城市	4923	55	145	57642	42576
重庆	超大城市	1997	105	859	174957	88706
天津	特大城市	2175	71	423	61524	49236
成都	特大城市	17985	159	630	127905	72376
广州	特大城市	3873	62	289	93067	62369
南京	特大城市	2416	68	271	57455	37823
武汉	特大城市	1836	90	362	81228	41888
西安	Ⅰ型大城市	8215	133	359	66506	40714

续表

城市	规模	文化设施		医疗卫生		
		公共图书馆图书藏量（万册）	博物馆数（个）	医院数（个）	医院床位数（张）	执业（助理）医师数（人）
沈阳	Ⅰ型大城市	1648	14	283	68011	33644
哈尔滨	Ⅰ型大城市	618	49	324	76901	29854
昆明	Ⅰ型大城市	353	39	322	58293	33487
郑州	Ⅰ型大城市	1312	41	282	91736	45211
杭州	Ⅰ型大城市	2626	80	353	84251	51135
济南	Ⅰ型大城市	1692	62	284	58790	40199
青岛	Ⅰ型大城市	840	12	460	62450	39708
大连	Ⅰ型大城市	1164	28	210	45415	23298
太原	Ⅱ型大城市	659	19	164	41821	25498
长沙	Ⅱ型大城市	1210	21	241	67213	32785
苏州	Ⅱ型大城市	2595	47	234	63611	37185
石家庄	Ⅱ型大城市	418	13	328	55670	43597
南昌	Ⅱ型大城市	351	22	136	38797	17857
汕头	Ⅱ型大城市	314	11	56	17416	11538
南宁	Ⅱ型大城市	896	11	148	42671	28881
福州	Ⅱ型大城市	1219	42	139	34495	25459
无锡	Ⅱ型大城市	963	63	210	42878	25031
合肥	Ⅱ型大城市	776	40	212	59271	29045
乌鲁木齐	Ⅱ型大城市	370	6	144	30366	16817
东莞	Ⅱ型大城市	1174	53	112	32900	21812
贵阳	Ⅱ型大城市	324	9	193	36674	20687
洛阳	Ⅱ型大城市	499	102	167	41901	23034
厦门	Ⅱ型大城市	841	4	62	18238	16121
宁波	Ⅱ型大城市	1164	73	195	38420	31891
兰州	Ⅱ型大城市	150	29	116	28452	14883
呼和浩特	Ⅱ型大城市	210	31	102	18719	11974
西宁	Ⅱ型大城市	30	13	73	21715	10097

续表

城市	规模	文化设施		医疗卫生		
		公共图书馆图书藏量（万册）	博物馆数（个）	医院数（个）	医院床位数（张）	执业（助理）医师数（人）
海口	Ⅱ型大城市	962	5	83	17465	10713
张家口	中等城市	168	11	130	21554	10846
湘潭	中等城市	170	5	72	16896	8368
长治	中等城市	170	5	103	15182	9753
日照	中等城市	152	4	61	11325	8355

数据来源：2021 年《中国城市统计年鉴》；数据口径为全市。

　　在教育领域，从表 4 - 10 可以看出：超大城市和特大城市在普通中小学、中等职业教育学校以及普通高等学校等领域的专任教师总量都占有绝对优势。

表 4 - 10　　　　　　　　2020 年中国主要城市专任教师数量

城市	规模	普通高等学校（人）	中等职业教育学校（人）	普通中学（人）	普通小学（人）
上海	超大城市	47668	7991	63759	61466
北京	超大城市	70645	5765	59092	71035
深圳	超大城市	8047	2888	41554	60900
重庆	超大城市	49174	15417	124305	130610
天津	特大城市	34239	5520	46006	47480
成都	特大城市	52348	8897	56018	61677
广州	特大城市	71202	7739	45249	62650
南京	特大城市	55134	5656	26926	32285
武汉	特大城市	61599	4450	33290	35105
西安	Ⅰ型大城市	51996	6409	41133	42287
沈阳	Ⅰ型大城市	26576	6445	26107	24555
哈尔滨	Ⅰ型大城市	33549	4416	34893	27403
昆明	Ⅰ型大城市	32237	4026	28957	31775
郑州	Ⅰ型大城市	59338	10456	54390	47763

续表

城市	规模	普通高等学校（人）	中等职业教育学校（人）	普通中学（人）	普通小学（人）
杭州	Ⅰ型大城市	32801	5197	34209	39330
济南	Ⅰ型大城市	40887	7221	34796	37219
青岛	Ⅰ型大城市	24321	6926	41460	35228
大连	Ⅰ型大城市	19025	2839	21986	20146
太原	Ⅱ型大城市	25000	4181	19865	20243
长沙	Ⅱ型大城市	53524	6491	34376	39040
苏州	Ⅱ型大城市	13903	5505	35971	48185
石家庄	Ⅱ型大城市	31212	10053	42549	51692
南昌	Ⅱ型大城市	35762	2778	30252	17573
汕头	Ⅱ型大城市	1824	2222	34786	22830
南宁	Ⅱ型大城市	23664	5749	32384	42671
福州	Ⅱ型大城市	21908	4340	25759	30971
无锡	Ⅱ型大城市	7020	5737	22836	25007
合肥	Ⅱ型大城市	29350	4233	33497	32613
乌鲁木齐	Ⅱ型大城市	11809	2053	13018	11477
东莞	Ⅱ型大城市	5911	4308	24408	41969
贵阳	Ⅱ型大城市	21351	4782	19964	23146
洛阳	Ⅱ型大城市	8178	3074	37306	29476
厦门	Ⅱ型大城市	10092	2040	13837	18997
宁波	Ⅱ型大城市	9271	5398	25721	29294
兰州	Ⅱ型大城市	19133	2099	17379	14723
呼和浩特	Ⅱ型大城市	13122	2030	12841	9297
西宁	Ⅱ型大城市	4883	1225	9599	8854
海口	Ⅱ型大城市	8262	2359	14106	9663
张家口	中等城市	3214	3431	17483	20173
湘潭	中等城市	8064	1133	9327	9515
长治	中等城市	2206	2620	15054	12925
日照	中等城市	1839	1705	13146	12363

数据来源：2021 年《中国城市统计年鉴》；数据口径为全市。

（三）制度变迁引致的非资金成本

以上所阐述的市民化成本和城市之间福利差异成本是可以进行资金量化的成本，但户籍制度改革涉及多方利益主体，如对户籍含金量比较高的超大特大城市来说，如果放开户籍限制，由于资源有限，可能导致本地居民与外地居民之间的矛盾，还有可能引发社会问题。这些都是制度变迁引致的非资金成本。因此，我国应采取渐进式推进改革的策略，根据户籍制度改革成本的大小，率先放开小城市和镇，而对于北京、上海等超大城市，则采取积分落户的方法，有计划地控制落户人口规模。

三、实施分类推进户籍制度改革城镇化路径的内在机制总结

基于本节前两部分的分析，可以总结出我国实施分类推进户籍制度改革城镇化路径的内在机制（见图4-4）。对于一个发展中国家来说，工业化与城镇

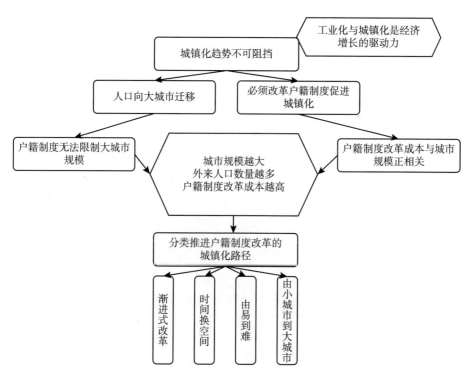

图4-4　实施分类推进户籍制度改革城镇化路径的内在机制

资料来源：作者绘制。

化是经济增长的重要驱动力，中国作为发展中大国，为了实现中华民族的伟大复兴，改革开放以后也加快了城镇化进程。但由于城市规模越大，外来人口数量就越多，户籍制度改革成本就越高，因此，实施分类推进户籍制度改革的城镇化路径就成为政府部门的最优决策。分类推进户籍制度改革本质上是延续中国改革开放以来的成功实践经验，即"渐进式改革"，同时遵循着"时间换空间"的传统智慧，先从改革成本最低、本地居民反对程度较小的小城市和建制镇开始，逐步向中等城市、大城市、超大特大城市推进，这样不仅有利于减轻户籍制度改革带来的财政压力，也有利于防止改革倒退和停滞不前。

第五章　深化户籍制度改革
优化城市规模体系

改革开放以后，不断放松的户籍制度改革促进了农村居民向城市迁移，加快了城镇化进程，推动中国城市规模体系逐步优化。从微观视角来看，户籍制度改革通过影响微观个体，即劳动者的迁移决策和方向来影响城市规模体系。从宏观视角来看，分类推进的户籍制度改革通过重塑城镇化路径来影响城市规模体系。本章在总结前述各章研究的基础上，提出在新发展阶段，为进一步优化城市规模体系，户籍制度改革的重点方向。

第一节　户籍制度改革与城市规模体系

根据本书第三章和第四章研究的主要结论，户籍制度改革可以通过影响劳动者迁移决策和城镇化路径两种机制来影响中国城市规模体系。根据图 5-1，从影响劳动者迁移的微观机制看，落户条件放松促进了劳动者在城乡区域之间的迁移，优化了城市规模体系，但与现实相比，户籍制度改革仍旧滞后，对当前城市规模体系的稳定构成负面影响；从影响城镇化路径的宏观机制来看，在较长一段时期内实施"放开中小城镇落户限制、控制大城市人口规模"的户籍政策是造成中国城市规模体系扁平化的重要原因，而从 2013 年开始正式实施的分类户籍制度改革和逐步放开城区常住人口 300 万人以下城市落户限制有助于优化当前城市规模体系，但针对 I 型大城市的落户条件仍旧较为严格，会对城市规模体系的进一步优化形成制约。

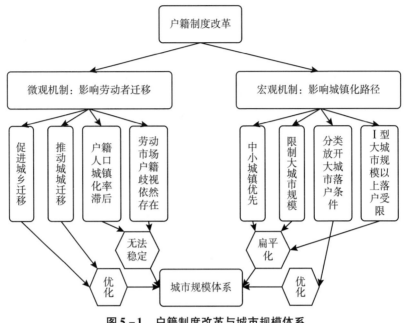

图 5 – 1　户籍制度改革与城市规模体系

资料来源：作者绘制。

一、不断降低落户门槛是城市规模体系优化的主要原因

户籍制度改革的核心内容之一就是不断降低城市落户门槛。随着时间的推移，户籍制度改革的力度也越来越大，与此同时中国的城市规模体系也逐步优化。户籍制度改革放松了农村人口向城镇迁移的限制，城镇化潜力随着户籍制度改革力度的加大而逐步释放，促使各类城镇都得到了充分的发展，城市规模体系也趋于优化。此外，户籍制度改革不仅放松了对城乡人口迁移的限制，也放松了对城市之间人口迁移的限制，促进人口在城市之间自由流动。随着户籍制度的逐步放松，城市之间迁移的壁垒也逐步降低，城市之间人口流动的规模也逐渐扩大。依据空间均衡定理，城市之间人口自由流动会促使城市达到竞争性均衡状态，而城市之间这种竞争性均衡状态与一般均衡内涵相似，理论上也处于帕累托最优状态。本书第二章实证分析的结果表明，总体上来看，中国城市之间满足空间均衡定理，户籍制度改革在一定程度上推动城市之间实现竞争性均衡，优化了城市规模体系。但由于户籍制度改革还有待进一步推进，居民迁移的制度性障碍依然存在，只是程度有所减弱。

二、限制大城市发展造成城市规模体系扁平化

根据本书第二章的研究，从齐普夫定律来看，1990～2010年总体处于扁平化状态，表明中国城镇体系中大城市的规模太小。与此同时，这一时期是大城市人口规模被严格控制的时期，我国执行"控制大城市规模，合理发展中等城市，积极发展小城市"的城镇化路径总方针，并全面放开中小城市和建制镇落户限制，大城市落户限制则继续从严。在这种政策背景下，尽管大城市基于就业等优势吸纳了大量的外来人口，但由于落户十分严格，阻碍了潜在的迁移群体，大城市规模扩张受到抑制无法充分发展，造成中国城市规模体系扁平化。尽管从2013年开始，我国针对大城市规模以上的城市进行分类户籍制度改革，常住人口300万人以下的城市落户限制已经全部取消，这在一定程度上会进一步优化城市规模体系。但是针对常住人口300万人以上的城市仍存在落户限制。《"十四五"新型城镇化实施方案》提出，针对I型大城市要放宽落户条件，针对超大特大城市则继续完善积分落户政策，但从具体实践来看，积分落户政策吸纳人口有限。

三、户籍制度改革滞后导致城市规模体系不稳定

中国户籍制度改革的力度越来越大，但与经济社会发展相比仍比较滞后，主要表现以下两个方面。第一，户籍人口城镇化率与常住人口城镇化率不匹配。根据图1-3，从2016年开始，常住人口城镇化率与户籍城镇化率之间的差距开始由缩小转为扩大，至2020年，两者差距增加至18.49个百分点，未能实现《国家新型城镇化规划（2014—2020年）》提出的与2012年相比缩小2个百分点的目标。第二，劳动力市场上的户籍对收入的影响仍然存在。从第四章的研究可以看出，经过多轮市场化改革，户籍制度对劳动力市场上的工资收入等的影响有所弱化，但带来的城市外来人口无法获得归属感和认同感的问题，长期来看，会影响我国城市规模体系的稳定。

第二节　户籍制度改革滞后的深层次原因

市民化成本较高、城乡区域之间发展不平衡不充分以及城市发展权的不平

等，是造成户籍制度改革滞后的根本原因。

一、城乡发展不平衡

中国城乡之间发展不平衡现象十分突出。根据图 4 - 2 可知，从新中国成立至 1978 年改革开放前夕，城乡居民收入比由 2.26 小幅扩大至 2.57。在改革开放初期，由于农村地区率先推进家庭联产承包责任制等改革，农村地区经济发展快于城市，此时城乡居民收入比由 1978 年的 2.57 下降至 1983 年的 1.82，1983 年也是新中国成立以来至 2021 年城乡居民收入差距最小的一年。此后，随着改革开放的重心由农村转向城市，在"城市偏向"政策与市场机制下的规模经济效应共同作用下，城乡居民收入比由 1983 年的 1.82 增加至 2009 年的 3.33，远超国际警戒线。此后，这一现象引起我国政府的高度关注，开始加强对农村地区的支持力度，在完成小康社会建设、脱贫攻坚的历史时期，扶持农村地区发展的力度空前加大。至 2021 年，根据国家统计局官网公布的数据，2021 年城镇和农村居民人均可支配收入分别为 47412 元和 18931 元，城乡居民收入比由最高的 3.33 迅速降至 2.50，但城乡发展差距依然处于较高水平[①]。根据本书第四章的研究，除城乡居民收入差距较大以外，农村在基本公共服务、基础设施等方面与城市差距也非常大。总体来看，城乡经济社会发展水平差距越大，城乡居民之间的福利水平差距就越大，附着各种权益的户籍制度改革成本也就越高，户籍制度改革的阻力也就越大。

二、区域发展不协调

在中国，得益于优越的地理区位条件、改革开放先行的政策优势以及历史累积优势等（年猛，2021），大部分人口及经济活动主要集中在东部沿海地区，尤其是位于东部的长三角、珠三角和京津冀三大城市群，以占 2.8% 的国土面积集聚了全国 18% 的人口和 36% 的 GDP[②]。随着区域之间发展差距越来越大，我国开始实施以"西部大开发、中部崛起、东北振兴、东部率先"等为主体的区域协调发展战略，但由于对区域协调发展问题的重视及相应政策实施

---

① https：//data. stats. gov. cn/easyquery. htm? cn = C01.

② 数据来源于 2013 年 6 月 26 日第十二届全国人民代表大会常务委员会第三次会议《国务院关于城镇化建设工作情况的报告》：http：//www. npc. gov. cn/npc/xinwen/jdgz/bgjy/2013 - 06/27/content_1798658. htm。

起步较晚，在规模经济的作用下，东西部的发展差距短时间难以消除，并且在东西差异未能显著缩小的情况下，南北差异又成为中国区域发展不协调所面临的新问题（年猛，2019）。与城乡发展不平衡带来的问题一样，区域发展不协调必然会导致各区域之间居民福利水平的差异和户籍制度改革成本的差异，对户籍制度改革形成阻碍。

三、城市发展权不平等

城市作为现代人类社会的经济、政治、文化中心，是一个国家或地区经济增长的主要推动力。因此，一个国家或地区经济发展实力主要取决于城市的竞争力。中国区域之间发展不协调与城市之间发展不协调相关。根据本书以及王垚（2022）等学者的研究，行政等级化的城市管理体系是造成中国城市之间发展差异的主要原因。城市行政等级越高，相应的资源越多，其配置各类市场资源的能力就越强，并且与市场机制下促进城市规模扩张的重要作用——集聚经济相比，行政等级制度的影响更强。这种行政等级化的城市管理体系及其资源配置方式会导致各类城市之间竞争的不公平和发展权的不均等（年猛，2017），是造成城市之间发展差距较大、户籍附加福利水平差异明显的重要原因。

第三节　进一步深化户籍制度改革、优化城市规模体系的主要方向

从户籍制度改革的视角来看，当前制约中国城市规模体系进一步优化的矛盾点主要在于户籍制度附加的福利水平差异导致人口无法自由迁移以及针对超大特大城市仍旧采取限制的思维。习近平总书记在党的二十大报告中明确指出，实施新型城镇化战略，强调推进以人为核心的新型城镇化，加快农业转移人口市民化，形成以城市群、都市圈为依托构建大中小城市协调发展格局，为户籍制度改革、优化城镇规模体系指出了方向。为进一步深化户籍制度改革、优化城市规模体系，结合中国当前城乡区域之间发展不平衡不充分的基本国情，应以都市圈内、城市群内户籍制度一体化改革为切入点，继续沿用渐进式、分类式改革思路，同时应完善市民化成本分担机制，提高地方政府改革的积极性。

一、以都市圈内、城市群内户籍制度一体化改革为切入点

从区域经济一体化程度来说，城市群、都市圈内部各城市之间经济联系程度较为紧密、社会发展水平较为接近、居民文化习俗差异也较小，比较适宜推进户籍制度一体化改革。国家发改委也在 2019 年发布《关于培育发展现代化都市圈的指导意见》，提出在具备条件的都市圈率先实现户籍准入年限同城化累积互认，在 2022 年发布的《"十四五"新型城镇化实施方案》中也再次强调鼓励都市圈社保和落户积分互认。从政策导向来看，该时期也是以都市圈内"落户积分互认"为重点，积分制只是缓解大城市户籍制度改革压力的一种过渡性制度安排。因此，从目前具体政策来看，都市圈内户籍制度一体化改革力度并不大。

为加快优化城市规模体系，基于目前各类都市圈、城市群发展现状，本书认为：首先，可以率先放开以西安、杭州、郑州等Ⅰ型大城市为核心的都市圈户籍制度一体化，都市圈内各区域户籍居民应在教育、医疗等基本公共服务领域实现成本共担、利益共享；其次，针对重庆、天津、广州、成都等特大超大城市，应根据各自都市圈内区域发展差异情况有序放开圈内落户限制，而针对北京、上海等超大城市，基于其与周边区域发展差距依然较大的现实考虑，仍以审慎放开为基本思路，继续采取积分落户为主要手段；最后，在一些都市圈放开落户限制的基础上，长江中游城市群、哈长城市群、成渝城市群、中原城市群、北部湾城市群、关中平原城市群、呼包鄂榆城市群、兰西城市群等城市群可以率先推进户籍制度一体化改革，而针对长三角、京津冀、粤港澳大湾区等城市群还是以放开都市圈内落户限制为主，循序渐进，避免人口短期内过快涌入超大城市。

二、继续沿用渐进式、分类式推进改革的思路，但要明确时间路线表

尽管经过区域协调发展、脱贫攻坚、乡村振兴等战略的实施，中国城乡区域之间的发展水平差距显著缩小，但从绝对差距来看，城乡区域发展不平衡现象仍旧突出，制约户籍制度改革深化的速度和进展。基于以上现实考虑，在进一步深化户籍制度改革的过程中，仍需要采取渐进式、分类式的改革思路，避免改革过快而产生阻力过大或造成反弹等负面作用，在当前按照城市规模分类

推进户籍制度改革的基础上，结合城市面临的农业转移人口数量和财政资金实力（邹一南，2019）进行完善。同时，应基于公平正义、社会稳定等多重目标，明确户籍制度改革时间路线表，明确关于Ⅰ型大城市落户放开时间表以及超大特大城市积分落户制度退出时间。除明确分类推进户籍制度改革的时间路线表以外，深化户籍制度改革的关键是还原户籍制度人口登记功能，重点是将户籍制度与基本公共福利脱钩，户籍制度仅基于人口登记的需要，不再赋予户籍制度额外功能。

三、完善市民化成本共担、收益共享机制，提升地方政府改革积极性

根据本书的研究，除个别小城市市民化不存在成本甚至存在收益以外①，我国绝大多数城市相关政府部门在推进市民化过程中都会负担相应的成本，随着城市规模扩大，市民化成本往往也越高。同时，尽管从全国层面来看，市民化也会为政府带来一定的收益，但中央与地方政府在分配市民化过程中带来的成本与收益方面存在错配，即中央政府在农业转移人口市民化的过程中获取的收益大于成本，地方政府收益小于成本，导致地方政府由于财政负担过重而对解决农业转移人口市民化问题的积极性不高，制约了农业转移人口市民化进程。

因此，为提升地方政府加快推进市民化进程的积极性，必须完善当前市民化成本共担、收益共享机制。一方面，应在进一步完善"人地钱挂钩"的基础上，建立"中央政府＋地方政府＋企业＋农业转移人口"的四方成本分担机制，根据各地方面临的外来人口规模和财政实力、不同类型企业经济效应等合理确定成本分担的比例。另一方面，以健全中央和省级财政农业转移人口市民化奖励机制为核心，建立市民化收益共享机制，同时加大对吸纳农业转移人口多的地区的优先支持。

---

① 具体参见本书附录针对嘉峪关市的案例研究。

附录：案例研究

农转居成本倒挂、市民化意愿与
小城市人口城镇化推进策略

——以嘉峪关为例

　　加快市民化进程，促进有能力有条件在城镇就业和生活的农业转移人口落户城市，是解决城镇内部新的二元矛盾、提高以人为核心的城镇化质量的关键，也是推进新型城镇化建设的首要任务。市民化一般包括本地农民市民化和外来农民市民化两个层面。由于我国城乡分割的户籍制度导致城乡居民在基本公共服务方面存在一定的差异，推进农业转移人口市民化并不是给予"一纸城市户口"那么简单，需要一定的成本。而解决一个农民工进城落户究竟需要多少成本，不仅学者们测算的结果不同，由于我国各区域之间经济发展存在显著差异，不同区域城市之间的成本也存在显著差异。

　　从现有研究成果来看，一般来说大城市的市民化成本要高于中小城市，发达地区市民化成本要高于落后地区，市民化推进需要一定的成本。而正是基于上述市民化存在成本及差异的考虑，《国家新型城镇化规划（2014—2020年）》提出实施差别化落户政策，全面放开建制镇和小城市落户限制，有序放开城区人口50万～100万人的城市落户限制，合理放开城区人口100万～300万人的大城市落户限制，合理确定城区人口300万～500万人的大城市落户条件，严格控制城区人口500万人以上的特大城市人口规模。但是随着我国市民化进程的推进和城乡一体化发展战略不断取得新进展，城乡居民在收入、基本公共服务等领域的差距不断缩小，一些城市出现"农转居成本倒挂"现象，值得深入研究和思考。由于目前学者大多关注北京、上海、广州等大城市或特大城市的市民化成本问题，而对于小城市市民化问题则关注较少，在此背景下，本书以嘉峪关市为例，测算小城市农转居的成本并提出市民化推进策略。

一、嘉峪关市城镇化发展特征

（一）城镇化水平较高

嘉峪关市是基于建设国家"一五"计划重点项目"酒泉钢铁公司"而兴起的一座新城，以工业和旅游为主，农业比重及其农村人口在城市建设之初占比就相对较小，因此与其他城市相比，城镇化发展起点较高。根据图1可知，2016 年嘉峪关市城镇化率在甘肃省排名第一，比第二名兰州市要高出 12 个百分点，遥遥领先其他地区。

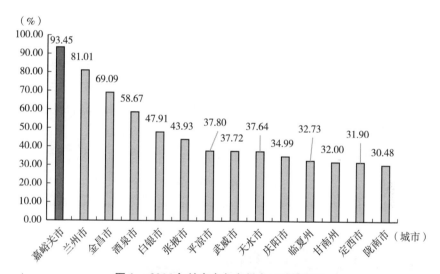

图1　2016 年甘肃省各市州人口城镇化率

资料来源：2017 年嘉峪关市统计年鉴。

此外，嘉峪关市城镇化率也远高于东部一线发达城市，如嘉峪关市 2017 年的城镇化率远高于同期的北京、广州和天津等城市，以及在县级市当中具有代表性的昆山市。因此，从全国层面来看嘉峪关市的城镇化进程处于领先水平，属于高度城镇化区域（见表1）。

表1　　　　　　2017 年嘉峪关市与国内主要城市城镇化率比较　　　单位：%

区域		城镇化率
甘肃省	嘉峪关市	93.4
	兰州市	81.02
一线大城市	北京	86.5
	广州	86.14
	天津	82.9
	上海	87.6
代表性县级市	昆山	72.5
中国平均水平		58.52

注：上海市数据为 2016 年，数据来自国家统计局网站；昆山市数据为 2016 年，来源为 2017 年昆山市政府工作报告；其余数据主要源于本地或国家国民经济和社会发展统计公报。

（二）城镇化率趋于稳态

根据图 2 可以看出：2004 ~ 2010 年，嘉峪关市城镇化率水平呈显著增加的态势，2010 ~ 2017 年，嘉峪关市城镇化率从 93.32% 增加至 93.43%，仅小幅增加了 0.11 个百分点。从国际经验来看，93% 已经是一个非常高的城镇化水平，

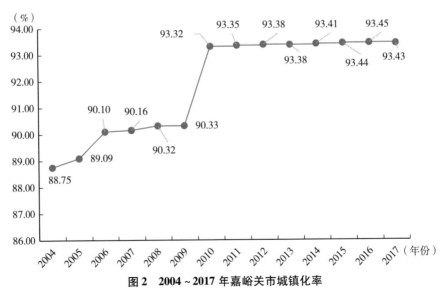

图 2　2004 ~ 2017 年嘉峪关市城镇化率

注：数据主要源于嘉峪关市历年统计公报；其中 2010 年城镇化率依据人口普查数据进行计算。

嘉峪关市已连续八年保持在这个水平且没有突破，表明嘉峪关市城镇化进程已经处于尾声阶段，可能或者即将触及城镇化率的"天花板"。

（三）城市人口逐年增加、农村人口趋于平稳

如图3所示，2004～2017年，嘉峪关市城市人口从15.94万人增加至23.34万人，增加了7.4万人，2004～2010年是嘉峪关城市人口快速增长的阶段，但从2010年开始，嘉峪关城市人口增速趋于放缓，2010～2017年城市人口仅增加了1.7万人，年均增加2100人左右。与城市相比，由于城镇化进程的推进，嘉峪关市农村人口从2004年的2.02万人最低降至1.55万人（2010～2012年，嘉峪关农村人口连续三年保持在1.55万人），但从2012年开始嘉峪关农村人口开始连续六年呈现微弱增长，由2012年的1.55万人增加至2017年的1.64万人，年均增加150人，规模基本保持相对平稳。总体来看，从2010年开始嘉峪关市的城市与农村人口数量都基本保持在比较平稳的趋势。

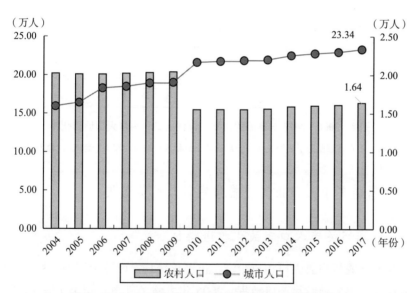

图3　2004～2017年嘉峪关市城市常住人口与农村人口

注：数据主要源于嘉峪关市历年统计公报；其中2010年城镇化率依据人口普查数据进行计算；使用人口统计数据为常住人口。

（四）户籍人口城镇化率呈下降趋势

如图4所示，与我国中西部大部分地级城市人口都呈现"流出"不同，嘉峪关市始终吸引一定数量的外来人口。总体来看，2006～2017年嘉峪关市

外来常住人口数量呈增长趋势，由 2.7 万人增加至 4.36 万人，但从 2008 年开始，嘉峪关市外来人口呈现"U"型走势，2014～2017 年外来人口则基本保持在 4 万人左右。从户籍人口城镇化率来看，2006～2017 年总体呈波动向下的趋势，由 86.7% 下降至 82.53%，并且从 2013 年开始嘉峪关市户籍人口城镇化率已经连续五年下降。

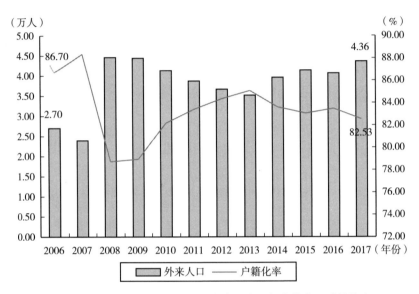

图 4　2006～2017 年嘉峪关市外来常住人口与户籍人口城镇化率

注：外来常住人口数据源于嘉峪关市公安局统计；户籍人口城镇化率 = 户籍人口/总人口。

二、嘉峪关市人口市民化推进特征及政策效果

(一) 嘉峪关市人口市民化推进特征

一是本地农村户籍人口相对稳定、市民化转移速度较为缓慢。根据嘉峪关市公安局和本书实地整村调研数据，2006 年嘉峪关全市户籍为 176080 人，其中城镇户籍人口 153650 人，农村户籍人口 22430 人；至 2017 年，嘉峪关全市户籍人口增长至 206170 人，其中城镇户籍人口 184844 人，农村户籍人口 21326 人，从绝对数量来看，2006～2017 年嘉峪关市本地农村户籍人口数量相对稳定，市民化转移速度较为缓慢，城市户籍人口的增长除了内生增长外，主要依赖外来人口的市民化。

二是外地人口贡献了大部分城市户籍人口的增长，但市民化率近年来呈下

降趋势。数据显示：2006～2017年，嘉峪关外来人口由2.7万人增至4.36万人，但同期人口户籍化率却由86.7%下降至82.53%。由于嘉峪关市严格控制本地城镇人口和外来人口向农村地区迁移，外来人口只能落户城市，但从人口户籍化率来看，随着外来人口的不断增长，获得户籍的难度也在不断加大。

由以上分析可知，从2006年开始，尽管嘉峪关市的城市发展取得了不错的成效，但市民化进程较为缓慢，主要表现在本地农村人口转移较少和外地常住人口获得户籍难度加大，从总体上制约了嘉峪关市的市民化进程。

（二）嘉峪关市推进市民化的主要举措及实施效果

作为全省城乡一体化试点城市和全国社会管理创新样板城市，目前嘉峪关市推进市民化的主要思路是：通过户籍制度改革打破城乡壁垒和户籍界限，实行城乡统一管理，推进城乡居民公共服务均等化、社会保障同城化，真正实现城乡统筹发展。

开展户籍制度改革是嘉峪关市推进市民化的核心。2012年1月1日，嘉峪关市委市政府正式颁布和实施《关于深化户籍制度改革推进城乡一体化建设的实施意见》。该意见对全市户籍人口取消农业和非农业户口性质划分，统称为"居民户口"，按实际居住地登记，并制定相关配套政策，逐步缩小城乡居民之间的待遇差别，以此促进本地农民市民化，同时通过降低外来人口的落户门槛促进外来人口市民化。主要措施如下。

第一，对于本地人口，逐步降低本地城乡户籍差别。主要包括两个方面：一方面是取消农业和非农业户口性质划分，将全市行政区域内的非农业家庭户口、农业家庭户口统一登记为居民户口，非农业集体户口统一登记为居民集体户口；另一方面是缩小城乡居民待遇差别，对全市农村原有农业人口，经相关部门确认职业身份后，职业栏内标注"农业劳动者"，在继续享受农村惠农政策和计划生育政策的同时，养老保险、医疗保险、最低生活保障、优抚安置、学生就学等方面与城市居民享受同等待遇，并严格控制城镇人口和市外人员向本市农村迁移。

第二，逐步放宽直至"零门槛"市外迁入准入。满足下述条件"购买商品房或二手房；生产性投资100万元以上；拥有合法固定住所，且与我市用人单位签订劳动合同并不间断缴纳社会保险费3年以上的人员；申请公共租赁房屋；市生源大中专毕业生；夫妻一方系嘉峪关市户口；连续办理居住证两年以上，被行政、事业和企业聘用的，具有大专以上学历；投靠亲属入户（三镇除外）"中任何一个条件均可实现本人及其配偶、子女落户，个别条件也可实现父母等直系亲属落户。外来人口取得本地户籍后，与本地居民享受同等待遇。

尽管嘉峪关市户籍制度改革力度相对较大，但从 2012 年新政开始实施后，从农转居情况来看，2011 年嘉峪关农村户籍人口为 23034 人，至 2017 年农村户籍人口为 21326 人，其中常年在外打工的农村人口有 4452 人，并未呈现大量农村人口向城市进行户籍转移的情况；而从外来人口市民化来看，2011 年嘉峪关市人口户籍化率由 83.41% 降至 82.53%，在实施户籍制度改革政策之后，人口户籍化率并未相应提高，反而呈下降趋势。

由以上分析，本书认为尽管嘉峪关市从 2012 年开始就对户籍制度改革进行深化，力度也比较大，但从具体实施情况来看，农村人口转移城市户口不及预期，对外来人口的落户还存在一定程度的限制，从而使全市市民化的推进较为缓慢。

三、嘉峪关本地农民市民化的意愿及成本分析

（一）嘉峪关本地农民市民化的意愿分析

第一，嘉峪关本地农民市民化意愿较高。根据课题组对嘉峪关市 2929 位农户进行问卷调查后发现，有 1716 户受访农户明确表示愿意定居城市，占受访样本总量的 59%；而不愿定居城市的受访农户有 977 户，占比为 33%；其余 8% 的受访农户为说不准或无效样本。嘉峪关市农民市民化意愿情况见图 5。

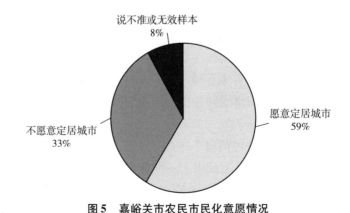

图 5　嘉峪关市农民市民化意愿情况

注：数据源自对全市 2929 户农村居民进行的实地入户调查。

　　第二，拥有城市住房的农户占有较高比例。调查数据显示：在愿意移居城市的农户当中，在城市拥有一套及以上住宅的农户达 925 户，占全部愿意移居城市农户的比重为 54%，超过半数；而在不愿意迁移城市的农户当中，在城市拥有一套及以上住宅的农户为 326 户，占不愿意移居城市农户的比例为 33%（见图 6）。由此可见，嘉峪关市本地农户拥有城市住房的比例还是较高的，而其中有移居城市意愿的农户拥有城市住房的比例超过一半。

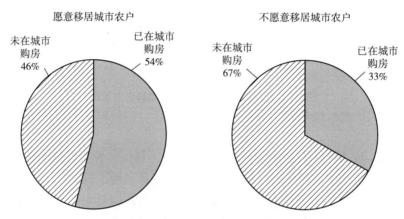

图 6　嘉峪关市农户拥有城市住房比例

注：数据源自对全市 2929 户农村居民进行的实地入户调查。

　　第三，就业、教育、医疗是农村居民愿意移居城市的重要原因。为分析农村居民愿意移居城市的原因，在调查问卷中设计了以下问题："您愿意在城市定居的原因是（可多选）？ 1 = 城市户口福利较多，2 = 能使子女获得更好的教育，3 = 就业机会多，4 = 医疗条件更好，5 = 其他原因，请注明。"结果显示：在愿意移居城市的农户当中，71.0% 的农户选择了"就业机会多"，排名第一；69.8% 的农户选择了"能使子女获得更好的教育"，排名第二；排名第三的是"医疗条件更好"，为 67.4%；其余是"城市户口福利较多"，选择比例为 38.2%，还有 7.1% 的农户选择了"其他"选项，主要包括城市生活便利、干净、基础设施条件好等原因（见图 7）。由此可见，就业、教育、医疗仍然是愿意移居城市的农村居民最关注的三大问题，也在一定程度上反映了与农村相比，城市具有的显著优势。

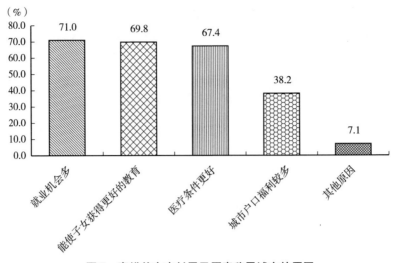

图 7　嘉峪关市农村居民愿意移居城市的原因

注：此图是对愿意移居城市农户的统计分析。

第四，城市生活不适应、农村发展机会越来越好、农村土地升值潜力大、缺乏移居城市相应技能是嘉峪关市农村居民不愿移居城市的重要原因。为分析嘉峪关市本地农民不愿意移居城市的原因，在调查问卷中设计了下述问题："您不愿意在城市定居的原因是（可多选）？1=农村发展机会越来越好，2=不适应城市生活，3=城市户口难以获得，4=农村还有土地和宅基地，未来升值潜力大，5=仍然从事农业生产，定居城市不便利，6=没有技能，在城市无法维持生计，7=其他原因，请注明。"结果显示：在不愿意移居城市的农户当中，44.2%的农户选择了"不适应城市生活"，排名第一；42.4%的农户选择了"农村发展机会越来越好"，34.4%的农户选择了"农村还有土地和宅基地，未来升值潜力大"，24.9%的农户选择了"没有技能，在城市无法维持生计"，12.2%的农户选择了"仍然从事农业生产，定居城市不便利"，5.5%的农户选择了"城市户口难以获得"，还有1.5%的农户选择了"其他原因"，其他原因主要有"房价太高、收入有限、城市食品不安全、农村空气好"等（见图8）。综合以上分析，本书认为长期城乡生活方式的差异依然会对农村居民的居住环境选择产生重要的影响，而随着城市空间扩张对农村土地价值的提升以及国家对农村发展的重视提高了农民对农村发展的期望等，是当前嘉峪关市农村居民不愿意移居城市的重要原因；除此之外，缺乏相应技能也是制约当前嘉峪关市本地农民市民化意愿的不可忽视的因素；而仅有5.5%的不愿意移居城市的农户选择了"城市户口难以获得"，则表明的嘉峪关市户籍制度改革是颇有成效的。

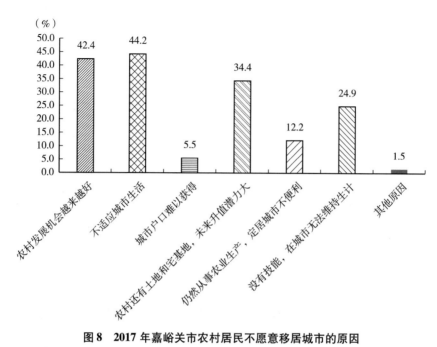

图8　2017 年嘉峪关市农村居民不愿意移居城市的原因

注：此图是对不愿意移居城市农户的统计分析。

根据以上调查问卷的分析，可以得出以下结论：总体来看，嘉峪关市农村居民移居城市的意愿较高，并且在城市拥有住房的农户比例也相对较高，就业、教育和医疗是村民移居城市的主要原因，而长期城乡生活习惯差异、对农村发展前景看好和对土地价值升值的预期是目前嘉峪关市农村居民不愿意移居城市的重要原因。

（二）嘉峪关市市民化成本测算

1. 市民化成本的界定

市民化一般包括本地农民市民化和外来农民市民化两个层面。从目前研究现状来看，农民工市民化究竟需要多少成本，不同学者及研究机构测算的结果具有一定的差异（见表2）。

综合现有学者的研究，市民化成本一般包括村民村居的"拆建成本"和社会保障等公共成本。考虑到嘉峪关"地广人稀"的基本情况，本书仅考虑市民化的公共成本。市民化的公共成本一般主要包括农民工随迁子女教育、医疗保障、养老保险、民政部门的其他社会保障支出、社会管理费用、保障性住房支出六个方面（刘传江，2006；张国胜和杨先明，2008；王建平和谭金海，2012；申兵，2012；胡桂兰等，2013；高拓和王玲杰，2013；丁萌萌和徐滇庆，2014），具体见表3。

表2   国内学者关于农民市民化的成本测算

项目	人均成本	全国总成本
中国社会科学院（2012）	10 万元	40 万~50 万亿元
中国科学院可持续发展战略研究组（2005）	2.5 万元	7.5 万亿元
建设部调研组（2006）	5 万元，其中：小城市 2 万元；中等城市 3 万元；大城市 6 万元；特大城市 10 万元	15 万亿元
张国胜（2008）	东部沿海第一代农民工 10 万元；东部沿海第二代农民工 9 万元；内陆地区第一代农民工 5.7 万元；内陆地区第二代农民工 4.9 万元	22.2 万亿元
莱芜市政研室（2010）	有地农户 17 万元/户，5.9 万/人；无地农户 48 万/户，16.7 万/人	33.9 万亿元
中国发展研究基金会（2010）	10 万元	30 万亿元
国务院发展研究中心课题组（2011）	8 万元	24 万亿元
周晓津（2011）	65 万元	195 万亿元
申兵（2012）	1.4 万~2.6 万元	4.2 万~7.8 万亿元

资料来源：结合魏后凯和陈雪原（2014）的研究整理。

表3   嘉峪关市民化公共成本涵盖内容

编号	项目		
1	农民工随迁子女教育成本	义务教育阶段经费支出	小学
			中学
			小学校舍
			中学校舍
2	医疗保障成本	居民基本医疗保险	
3	养老保险成本	基本养老保险	

续表

编号	项目	
4	民政部门其他社会保障支出	意外伤害保险
		低保
		医疗等救助
		失业保险
		妇幼保健等
		孤寡老人
5	社会管理费	城市管理费用
6	保障性住房支出	各类保障性住房支出

2. 嘉峪关市民化公共成本测算

根据相关统计数据，本部分从以下六个方面测算嘉峪关市本地农村居民市民化（即农转居）公共成本。

第一，农民工随迁子女教育成本，主要涵盖政府在义务教育阶段的教育经费支出。基于数据的可获得性和可比性，小学人均教育经费使用的是 2017 年数据，中学人均教育经费为 2016 年数据，由于校舍经费支出是基于需要进行开支，有些年份不需要而没有统计数据，为体现可比性，本书根据嘉峪关教委提供的非连续时间序列数据进行平均，详见表 4 注释部分。数据显示，政府对农村义务教育阶段的人均教育经费投入远高于城镇地区。这主要是因为：一方面政府对农村教育十分重视，基于公平的考虑坚持推进基本公共服务均等化；另一方面是因为农村上学儿童数量较少且空间较为分散，难以发挥规模经济效应。

表 4   **嘉峪关本地农民市民化公共成本**   单位：元/人

项目			城镇	农村	城乡差别
农民工随迁子女教育	义务教育阶段教育经费支出	小学（元/人）	8366.58	19669.04	-11302.46
		中学（元/人）	9682.52	18005.95	-8323.43
		小学校舍（元/人）	1293.5	4264.57	-2971.07
		中学校舍（元/人）	4296.28	7871.8	-3575.52
医疗保障	居民基本医疗保险（元/人）		40		0
养老保险	基本养老保险补助（元/人）		1740		0

续表

项目		城镇	农村	城乡差别
民政部门其他社会保障支出	意外伤害保险（元/人）	—	无	—
	低保（元/人）	476.82	393.95	82.87
	医疗救助（元/人）	470	1097	-627
	失业保险（元/人）	—	无	—
	妇幼保健等（元/人）	—	—	—
	孤寡老人（元/人）	—	—	—
	临时救助（元/人）	1079.85	406.39	673.46
社会管理费用	城乡社区事务支出（元/人）	1843.83		0
保障性住房支出	各类保障性住房支出（元/人）	877	0	877
合计		30166.38	55332.53	-25166.15

注：（1）农村没有的项目，如"失业保险"等填"0"；数据缺失为"-"；（2）"小学"栏目的数据为2017年，"中学"为2017年；（3）"小学校舍"栏目中城镇数据为2007年、2009年、2010～2017年的平均数，农村数据为2007～2009年、2011～2014七年平均数；（4）"中学校舍"栏目中城镇数据为2008年、2009年、2011～2013年、2015年和2017年的平均数，农村数据为2009～2010年、2012～2014年的平均数；（5）城乡社区事务支出和各类保障性住房支出数据为2016年数据；（6）低保、医疗救助和临时救助使用2017年数据。

第二，医疗保障成本，主要指城镇居民医疗保险和新型农村合作医疗制度中本地政府财政补贴的部分。根据《嘉峪关市整合城乡居民基本医疗保险工作实施方案》（2016），应整合城镇居民基本医疗保险和新型农村合作医疗制度，建立全市统一、城乡一体的城乡居民基本医疗制度。城乡居民医疗保险整合后，根据2018年的标准，各级财政对城乡居民的人均补贴为520元/人，其中中央及省级配套480元，市级配套40元，城乡居民自筹220元。

第三，养老保险成本，主要指基本养老保险补助。目前嘉峪关市已经实现城乡居民养老保险统一标准，根据《嘉峪关市城乡居民基本养老保险实施办法》，现基础养老金标准为每人每月210元，其中中央财政补助基础养老金为每人每月55元，省级财政补助基础养老金为每人每月10元，市财政补助基础养老金为每人每月145元。根据该标准，嘉峪关市委市政府对城乡居民基本养老保险补助统一为每人每年1740元。

第四，民政部门其他社会保障支出，本书获取了低保、医疗救助和临时救助三个主要方面的数据。在低保方面，城镇居民略高于农村居民，每年人均高出82.87元；在医疗救助方面，每年农村居民高出城镇居民627元/人；在临时救助领域，每年城镇居民高出农村居民 673.46 元/人。总体来看，在民政部门其他社会保障支出领域，城乡差别较小，总计城市居民仅高出农村居民 129.33 元/人。

第五，社会管理费用，主要指城市管理费用，但由于嘉峪关市已经统一为城乡社区事务支出项目，进行了城乡统一管理，因此该项目不存在城乡差别。

第六，保障性住房支出。由于农村基本都是自建房，因此该项目主要指城市各类保障性住房支出，大概为每年 877 元/人。

根据上述分析，可以得出以下两个重要结论。

一方面，嘉峪关本地村民市民化过程不仅不存在任何公共成本，反而有利于减少公共财政支出。根据本书的测算，嘉峪关市农村居民转移市民化的公共成本为 -25166.15 元，这主要是因为农村教育方面的公共财政支出成本较高，远超其他领域的城乡差异，并且嘉峪关在户籍制度改革过程中已经基本实现了城乡在养老保险、医疗保险、临时救助和医疗救助四个方面的标准统一。

另一方面，未来嘉峪关市民化公共成本的负担主要来自外来人口的市民化，这可能会对嘉峪关市的财政产生一定的影响。根据测算，嘉峪关对本地城市负担公共财政支出成本达 30166.38 元/人，在当前经济转型升级的"新常态"时期，嘉峪关市政府财政面临的压力逐渐加大，会不可避免地放缓外来人口的市民化进程。

四、嘉峪关市市民化推进策略

根据上述对嘉峪关市民化进程、户籍制度改革、本地农民市民化意愿和市民化公共成本的测算，本书认为未来嘉峪关市民化推进策略应主要涵盖两个方面：一是通过土地制度改革等措施加快推进本地农民市民化，让农民带"资"、带"技"进城；二是在财政资金约束的情况下，构建市民化公共成本共担机制，有序促进外来人口市民化。

（一）加快推进土地等制度改革，促进本地农民市民化

第一，创新土地制度改革，让农民带"资"进城。土地是农民生产、生活的基础条件，具有生产、生活及生存保障等多重功能属性。现有土地制度条件下，土地的价值无法真正体现其市场价值且农村土地权益处理机制不合理，农民土地权益无法得到有效保障，一旦城市就业不及预期，农民就会将农村土地作为最后一道生存保障。除此之外，保留土地有可能会带来潜在的预期收

益，如获取各种政府补贴以及土地升值等。因此，在农村土地市场不完善、农民土地权益处理机制不健全的情况下，一些农民工对进城落户往往比较谨慎。改革农村土地制度，关键是要从以下两个方面着手：一是完善土地产权市场，依靠市场手段让农民的承包地和宅基地的价值完全体现，构建市场化的农村集体产权交易平台；二是创新农村土地权益处理机制，在充分保障农民土地交易收益的情况下，基于公平的考虑，用部分土地增值收益来承担部分市民化公共成本。

第二，保障本地农民市民化的基本就业需要，提升农民城市就业能力，让农民带"技"进城。充足稳定的城市就业预期是农民市民化的基本前提，课题组的问卷调查也表明，就业保障是农民是否愿意市民化最关切的问题，必须予以重视。为保障农民市民化后的基本就业渠道，应从以下两个方面着手：一是维持适度比例的劳动密集型产业，以保障素质相对较低的本地农民工的就业需要；二是加大农民工就业技能培训力度，以不断适应产业结构升级的要求。

(二) 建立成本分担机制，有序推进外来人口市民化

第一，在教育、基本医疗、社会保障、住房保障等领域构建本地政府与外来人口共同分担机制，有效减轻政府财政负担。充分考虑到政府财政收支基本情况和财政支出的可持续性，与外来人口共同承担市民化的公共成本，具体分担的比例可依据外来人口的就业收入、家庭财产等基本情况确定。

第二，建立企业分担外来人口市民化公共成本机制。教育、养老、住房保障、城乡社区事务支出等是市民化公共支出的主要部分，在不加大用人企业财务负担的情况下，可以适度发挥企业的作用，减少政府财政负担。

参 考 文 献

[1] 蔡昉，都阳，王美艳. 户籍制度与劳动力市场保护 [J]. 经济研究，2001 (12)：41 - 49.

[2] 蔡昉，都阳. 转型中的中国城市发展——城市级层结构、融资能力与迁移政策 [J]. 经济研究，2003 (6)：64 - 71，95.

[3] 陈钊，陆铭. 迈向社会和谐的城乡发展：户籍制度的影响及改革 [M]. 北京：北京大学出版社，2016.

[4] 邓曲恒. 城镇居民与流动人口的收入差异——基于 Oaxaca-Blinder 和 Quantile 方法的分解 [J]. 中国人口科学，2007 (2)：8 - 16.

[5] 丁萌萌，徐滇庆. 城镇化进程中农民工市民化的成本测算 [J]. 经济学动态，2014 (2)：36 - 43.

[6] 东北财经大学课题组. 农业转移人口市民化研究——财政约束与体制约束视角 [J]. 财经问题研究，2014 (5)：3 - 9.

[7] 杜小敏，陈建宝. 人口迁移与流动对我国各地区经济影响的实证分析 [J]. 人口研究，2010，34 (3)：77 - 88.

[8] 费孝通. 从实求知录 [M]. 北京：北京大学出版社，1998.

[9] 高鸿鹰，武康平. 我国城市规模分布 Pareto 指数测算及影响因素分析 [J]. 数量经济技术经济研究，2007 (4)：43 - 52.

[10] 高拓，王玲杰. 构建农民工市民化成本分担机制的思考 [J]. 中州学刊，2013 (5)：45 - 48.

[11] 郭东杰. 新中国 70 年：户籍制度变迁、人口流动与城乡一体化 [J]. 浙江社会科学，2019 (10)：75 - 84，158 - 159.

[12] 郭菲，张展新. 农民工新政下的流动人口社会保险：来自中国四大城市的证据 [J]. 人口研究，2013，37 (3)：29 - 42.

[13] 胡桂兰，邓朝晖，蒋雪清. 农民工市民化成本效益分析 [J]. 农业经济问题，2013 (5)：83 - 87.

[14] 建设部调研组. 农民工进城对城市建设提出的新要求 [R]. 国务院

研究室课题组主编.中国农民工调研报告［M］.北京:中国言实出版社,2006.

　　［15］李春玲.当代中国社会的声望分层——职业声望与社会经济地位指数测量［J］.社会学研究,2005(2):74-102.

　　［16］李培林.农民工:中国进城农民工的经济社会分析［M］.北京:社会科学文献出版社,2003.

　　［17］李强,陈宇琳,刘精明.中国城镇化"推进模式"研究［J］.中国社会科学,2012(7):82-100,204-205.

　　［18］李松林,刘修岩.中国城市体系规模分布扁平化:多维区域验证与经济解释［J］.世界经济,2017,40(11):144-169.

　　［19］梁琦,陈强远,王如玉.户籍改革、劳动力流动与城市层级体系优化［J］.中国社会科学,2013(12):36-59.

　　［20］刘传江.中国农民工市民化研究［J］.理论月刊,2006(10):5-12.

　　［21］刘贵山.1949年以来中国户籍制度演变述评［J］.天津行政学院学报,2008(1):37-41.

　　［22］陆铭,陈钊.城市化、城市倾向的经济政策与城乡收入差距［J］.经济研究,2004(6):50-58.

　　［23］陆铭,张航,梁文泉.偏向中西部的土地供应如何推升了东部的工资［J］.中国社会科学,2015(5):59-83,204-205.

　　［24］陆益龙.户口还起作用吗——户籍制度与社会分层和流动［J］.中国社会科学,2008(1):149-162.

　　［25］陆益龙.1949年后的中国户籍制度:结构与变迁［J］.北京大学学报(哲学社会科学版),2002(2):123-130.

　　［26］罗云开.建立农业转移人口市民化成本分担机制:质疑与辨析［J］.财经问题研究,2015(6):87-92.

　　［27］年猛.农转居成本倒挂、市民化意愿与小城市人口城镇化推进策略——以嘉峪关市为例［J］.经济体制改革,2020(1):103-110.

　　［28］年猛.人口城镇化的三重失衡及其对策［J］.中国发展观察,2017(6):39-40.

　　［29］年猛."十四五"时期中国四大板块发展战略定位探讨［J］.当代经济管理,2021,43(1):1-6.

　　［30］年猛,王垚.行政等级与大城市拥挤之困——冲破户籍限制的城市人口增长［J］.财贸经济,2016(11):126-145.

［31］年猛. 政府干预、集聚经济与中国城市规模分布［J］. 城市与环境研究, 2021 (1): 70 - 87.

［32］年猛. 中国城乡关系演变历程、融合障碍与支持政策［J］. 经济学家, 2020 (8): 70 - 79.

［33］年猛. 中国南北经济差异的原因透视［J］. 群言, 2019 (8): 13 - 15.

［34］欧阳慧. 新一轮户籍制度改革实践中的落户困境与突破［J］. 经济纵横, 2020 (9): 57 - 62.

［35］申兵. "十二五" 时期农民工市民化成本测算及其分担机制构建——以跨省农民工集中流入地区宁波市为案例［J］. 城市发展研究, 2012, 19 (1): 86 - 92.

［36］沈体雁, 劳昕. 国外城市规模分布研究进展及理论前瞻——基于齐普夫定律的分析［J］. 世界经济文汇, 2012 (5): 95 - 111.

［37］孙文凯. 中国的户籍制度现状、改革阻力与对策［J］. 劳动经济研究, 2017, 5 (3): 50 - 63.

［38］唐为. 中国城市规模分布体系过于扁平化吗?［J］. 世界经济文汇, 2016 (1): 36 - 51.

［39］汪立鑫、王彬彬、黄文佳, 中国城市政府户籍限制政策的一个解释模型: 增长与民生的权衡, 经济研究, 2010 (11): 115 - 126.

［40］王建平, 谭金海. 农民工市民化: 宏观态势、现实困境与政策重点［J］. 农村经济, 2012 (2): 89 - 92.

［41］王美艳, 蔡昉. 户籍制度改革的历程与展望［J］. 广东社会科学, 2008 (6): 19 - 26.

［42］王颂吉. 中国城乡双重二元结构研究［M］. 北京: 人民出版社, 2016.

［43］王小鲁. 中国城市化路径与城市规模的经济学分析［J］. 经济研究, 2010, 45 (10): 20 - 32.

［44］王垚, 年猛. 政府 "偏爱" 与城市发展: 以中国为例［J］. 财贸经济, 2015 (5): 147 - 161.

［45］王垚. 人口流失、城市收缩与中国边疆地区经济发展困境［J］. 百色学院学报, 2021, 34 (3): 81 - 91.

［46］王垚, 王春华, 洪俊杰, 年猛. 自然条件、行政等级与中国城市发展［J］. 管理世界, 2015 (1): 41 - 50.

［47］王垚. 政府 "偏爱"、行政等级与中国城市发展［D］. 北京: 对外经济贸易大学, 2015.

[48] 王垚. 中国城市行政管理体制改革的方向与路径探讨 [J]. 当代经济管理, 2022, 44 (3): 22 – 32.

[49] 魏后凯, 陈雪原. 中国特大城市农转居成本测算及推进策略——以北京为例 [J]. 区域经济评论, 2014 (4): 114 – 121.

[50] 魏后凯. 坚持以人为核心推进新型城镇化 [J]. 中国农村经济, 2016 (10): 1 – 14.

[51] 魏后凯, 盛广耀. 我国户籍制度改革的进展、障碍与推进思路 [J]. 经济研究参考, 2015 (3): 6 – 17, 41.

[52] 魏后凯. 新常态下中国城乡一体化格局及推进战略 [J]. 中国农村经济, 2016 (1): 2 – 16.

[53] 魏后凯. 中国城镇化进程中两极化倾向与规模格局重构 [J]. 中国工业经济, 2014 (3): 18 – 30.

[54] 魏守华, 孙宁, 姜悦. Zipf 定律与 Gibrat 定律在中国城市规模分布中的适用性 [J]. 世界经济, 2018, 41 (9): 96 – 120.

[55] 魏万青. 户籍制度改革对流动人口收入的影响研究 [J]. 社会学研究, 2012 (1): 152 – 173.

[56] 魏义方, 顾严. 农业转移人口市民化: 为何地方政府不积极——基于农民工落户城镇的成本收益分析 [J]. 宏观经济研究, 2017 (8): 109 – 120.

[57] 魏毅, 廖素琼, 金高峰. 农民工: 流动就业的规模、现状及对策 [J]. 江西农业大学学报 (社会科学版), 2006 (1): 15 – 17.

[58] 吴贾, 姚先国, 张俊森. 城乡户籍歧视是否趋于止步——来自改革进程中的经验证据: 1989 – 201 [J]. 经济研究, 2015 (11): 148 – 160.

[59] 吴健生, 刘浩, 彭建, 马琳. 中国城市体系等级结构及其空间格局——基于 DMSP/OLS 夜间灯光数据的实证 [J]. 地理学报, 2014, 69 (6): 759 – 770.

[60] 吴开亚, 张力. 发展主义政府与城市落户门槛: 关于户籍制度改革的反思 [J]. 社会学研究, 2010 (6): 58 – 85.

[61] 吴良镛, 吴唯佳, 武廷海. 论世界与中国城市化的大趋势和江苏省城市化道路 [J]. 科技导报, 2003, 21 (9): 3 – 6.

[62] 吴晓刚. 中国的户籍制度与代际职业流动 [J]. 社会学研究, 2007 (6): 38 – 65, 242 – 243.

[63] 谢桂华. "农转非" 之后的社会经济地位获得研究 [J]. 社会学研究, 2014, 29 (1): 40 – 56, 242 – 243.

［64］谢小平，王贤彬．城市规模分布演进与经济增长［J］．南方经济，2012（6）：58－73.

［65］严士清．新中国户籍制度演变历程与改革路径研究［D］．上海：华东师范大学，2012.

［66］阳义南，连玉君．中国社会代际流动性的动态解析——CGSS 与 CLDS 混合横截面数据的经验证据［J］．管理世界，2015（4）：79－91.

［67］杨金龙．户籍身份转化会提高农业转移人口的经济收入吗？［J］．人口研究，2018，42（3）：24－37.

［68］姚先国，叶环宝，钱雪亚，宋文娟．公民身份与机会平等：基于"农转非"劳动者的就业机会研究［J］．社会科学战线，2016（8）：50－59，2.

［69］姚秀兰．论中国户籍制度的演变与改革［J］．法学，2004（5）：45－54.

［70］余吉祥，周光霞，段玉彬．中国城市规模分布的演进趋势研究——基于全国人口普查数据［J］．人口与经济，2013（2）：44－52.

［71］余向华，陈雪娟．中国劳动力市场的户籍分割效应及其变迁——工资差异与机会差异双重视角下的实证研究［J］．经济研究，2012（12）：97－110.

［72］张国胜，杨先明．中国农民工市民化的社会成本研究［J］．经济界，2008（5）：61－68.

［73］张吉鹏，卢冲．户籍制度改革与城市落户门槛的量化分析［J］．经济学（季刊），2019，18（4）：1509－1530.

［74］张利国，闫沙庆．农民被动城市化问题的反思与应对［J］．改革与战略，2012，28（5）：98－101.

［75］章元，王昊．城市劳动力市场上的户籍歧视与地域歧视：基于人口普查数据的研究［J］．管理世界，2011（7）：42－51.

［76］赵德余．城市户籍制度改革中的利益关系调整及其渐进式特征——博弈论的视角［J］．经济社会体制比较，2009（5）：164－171.

［77］赵颖．中小城市规模分布如何影响劳动者工资收入？［J］．数量经济技术经济研究，2013，30（11）：39－55，72.

［78］郑冰岛，吴晓刚．户口、"农转非"与中国城市居民中的收入不平等［J］．社会学研究，2013，28（1）：160－181，244.

［79］周其仁，城乡中国（上下册）［M］．北京：中信出版社，2014.

［80］朱江丽，李子联．户籍改革、人口流动与地区差距——基于异质性

人口跨期流动模型的分析［J］. 经济学：季刊，2016（2）：797－816.

［81］朱玲. 农村迁移工人的劳动时间和职业健康［J］. 中国社会科学，2009（1）：133－149.

［82］邹一南. 分类推进城市非户籍人口落户的逻辑与路径［J］. 经济社会体制比较，2019（2）：117－126.

［83］邹一南、李爱民. 户籍管制、城市规模与城市发展［J］. 当代经济研究，2013（9）：53－60.

［84］邹一南. 农民工市民化困境与新一轮户籍制度改革反思［J］. 江淮论坛，2020（4）：54－61.

［85］邹一南. 农业转移人口落户新趋势与"十四五"时期市民化政策展望［J］. 宏观经济管理，2020（10）：38－47.

［86］章元，王昊. 城市劳动力市场上的户籍歧视与地域歧视：基于人口普查数据的研究［J］. 管理世界，2011（7）：42－51.

［87］Alonso W，Location and Land Use［M］. Cambridge：Harvard University Press，1964.

［88］Anderson G，Ge Y. The Size Distribution of Chinese Cities［J］. Regional Science & Urban Economics，2005，35（6）：756－776.

［89］Andrews D W. Tests for Parameter Instability and Structural Change with Unknown Change Point［J］. Econometrica，1993，61（4）：821－856.

［90］Au C C，Henderson J V. Are Chinese Cities Too Small？［J］. The Review of Economic Studies，2006，73（3）：549－576.

［91］Auerbach，F. Das Gesetz der Bevölkerungskonzentration［J］. Petermanns Geographische Mitteilungen，1913，59：74－76.

［92］Barro，Sala-i-Martin，et al. Economic Growth and Convergence Across the United States［J］. National Bureau of Economic Research，1990.

［93］Barro R J，Sala-i-Martin X. Convergence［J］. Journal of Political Economy，1992，100（2）：223－251.

［94］Bosker M，Brakman S，et al. A Century of Shocks：The Evolution of the German City Size Distribution 1925－1999［J］. Regional Science and Urban Economics，2008，38（4），330－347.

［95］Champernowne D G. A Model of Income Distribution［J］. The Economic Journal，1953，63（250）：318－351.

［96］Chauvin J P，Glaeser E，Ma Y，et al. What is Different about Urbanization in Rich and Poor Countries? Cities in Brazil, China, India and the United States [J]. Journal of Urban Economics, 2017, 98: 17 –49.

［97］ Dan A Black, Jeffrey A Smith. How Robust is the Evidence on the Effects of College Quality? Evidence from Matching [J]. Journal of Econometrics.

［98］ Démurger S, Gurgand M, Li S, et al. Migrants as Second-class Workers in Urban China? A Decomposition Analysis [J]. Journal of Comparative Economics, 2009, 37 (4): 610 –628.

［99］ Eaton J, Eckstein Z. Cities and Growth: Theory and Evidence from France and Japan [J]. Regional science and urban Economics, 1997, 27 (4 –5): 443 –474.

［100］ Eeckhout, J. Gibrat's Law for (All) Cities [J]. American Economic Review, 2004, 94 (5): 1429 –1451.

［101］ Gabaix X, Ibragimov R. Rank – 1/2: A Simple Way to Improve the OLS Estimation of Tail Exponents [J]. Journal of Business & Economic Statistics, 2011, 29 (1): 24 –39.

［102］ Gabaix X. Zipf's Law for Cities: An Explanation [J]. The Quarterly Journal of Economics, 1999, 114 (3): 739 –767.

［103］ Ganzeboom H B, De Graaf P M, Treiman D J, et al. A Standard International Socio-Economic Index of Occupational Status [J]. Social Science Research, 1992, 21 (1): 1 –56.

［104］ Gao Q, Yang S, Li S. Labor Contracts and Social Insurance Participation among Migrant Workers in China [J]. China Economic Review, 2012, 23 (4): 1195 –1205.

［105］ Glaeser, Ponzetto, et al. Cities, Skills and Regional Change [J]. Regional Studies, 2014, 48 (1), 7 –43.

［106］ Hansen B E. Approximate Asymptotic P Values for Structural-Change Tests [J]. Journal of Business & Economic Statistics, 1997, 15 (1): 60 –67.

［107］ Heckman, James J, Hidehiko Ichimura, Petra E. Todd, Matching as an Econometric Evaluation Estimator: Evidence from Evaluating a Job Training Programme [J]. The Review of Economic Studies, 1997, 64 (4): 605 –54.

［108］ Heckman, James J, Jeffrey Smith, Nancy Clements. Making the Most Out of Programme Evaluations and Social Experiments: Accounting for Heterogeneity in Programme Impacts [J]. The Review of Economic Studies, 1997, 64 (4):

487 – 535.

[109] Heckman, James J, Jeffrey A Smith, et al. The Economics and Econometrics of Active Labor Market Programs [J]. Handbook of Labor Economics, 1999: 1865 – 2097.

[110] Henderson, V. The Urbanization Process and Economic Growth: The So-What Question [J]. Journal of Economic Growth, 2003, 8 (1): 47 – 71.

[111] Hjort N L, Koning A. Tests for Constancy of Model Parameters Over Time [J]. Journal of Nonparametric Statistics, 2002: 113 – 132.

[112] Ioannides Y M, Overman H G. Zipf's Law for Cities: An Empirical Examination [J]. Regional Science and Urban Economics, 2003, 33 (2): 127 – 137.

[113] Jeffrey A. Smith, Petra E. Todd, Does Matching Overcome LaLonde's Critique of Nonexperimental Estimators? [J]. Journal of Econometrics. 2005, 125 (12): 305 – 353.

[114] Krugman P. Confronting the Mystery of Urban Hierarchy [J]. Journal of the Japanese and International Economies, 1996, 10 (4): 399 – 418.

[115] North D C, Institution, Institutional Change and Economic Performance [M]. Cambridge: University Press, 1993.

[116] Roback J. Wages, Rents, and the Quality of Life [J]. The Journal of Political Economy, 1982, 90 (6): 1257 – 1278.

[117] Rosenbaum Paul R, Donald B. Rubin, The Central Role of the Propensity Score in Observational Studies for Causal Effects [J]. Biometrika, 1983, 70 (1): 41 – 55.

[118] Rosen K T, Resnick M. The Size Distribution of Cities: An Examination of the Pareto Law and Primacy [J]. Journal of Urban Economics, 1980, 8 (2): 165 – 186.

[119] Sianesi, Barbara. An Evaluation of the Swedish System of Active Labor Market Programs in the 1990s [J]. Review of Economics and Statistics, 2004, 86 (1): 133 – 155.

[120] Singer H W. The Courbe des Populations: A Parallel to Pareto's Law [J]. Economic Journal, 1936, 46 (182): 254 – 263.

[121] Solinger D J. Contesting Citizenship in Urban China: Peasant Migrants, the State, and the Logic of the Market [M]. Univ of California Press, 1999.

［122］ Solinger D J. Temporary Residence Certificate Regulations in Wuhan, May 1983 ［J］. China Quarterly, 1985 （101）: 98 – 103.

［123］ Soo, K. T. Zipf, Gibrat and Geography: Evidence from China, India and Brazil ［J］. Papers in Regional Science, 2014, 93 （1）: 159 – 181.

［124］ Soo, K. T. Zipf's law for Cities: A Cross-Country Investigation ［J］. Regional Science and Urban Economics, 2005, 35 （3）: 239 – 263.

［125］ Whalley J, Zhang S. A Numerical Simulation Analysis of （Hukou） Labour Mobility Restrictions In China ［J］. Journal of Development Economics, 2007, 83 （2）: 392 – 410.

［126］ Wu X, Treiman D J. The Household Registration System and Social Stratification in China: 1955 – 1996 ［J］. Demography, 2004, 41 （2）: 363 – 384.

［127］ Zeileis A. A Unified Approach to Structural Change Tests Based on ML Scores, F Statistics, and OLS Residuals ［J］. Econometric Reviews, 2005, 24 （4）: 445 – 466.

［128］ Zeileis A, Hothorn T, Hornik K et al. Model-Based Recursive Partitioning ［J］. Journal of Computational and Graphical Statistics, 2008, 17 （2）: 492 – 514.

［129］ Zipf, G. K. Human Behavior and the Principle of Least Effort ［M］. Addison-Wesley Press, Cambridge, MA, 1949.